我
们
一
起
解
决
问
题

边界感

人和人之间最舒服的距离

肖卫◎著

人民邮电出版社

北　京

图书在版编目（CIP）数据

边界感：人和人之间最舒服的距离 / 肖卫著．

北京：人民邮电出版社，2024． -- ISBN 978-7-115
-65686-5

Ⅰ．C912.11-49

中国国家版本馆 CIP 数据核字第 2024W3W973 号

内 容 提 要

在职场、家庭等各类人际关系中，你是否有过越界侵入他人空间，过多干涉他人的工作、生活，引起他人反感的行为？或者自己是否遭遇过这类事情，并且对这类遭遇感到不舒服？产生这种现象的原因，就是人与人之间没有边界感，无法保持最舒服的距离。

什么是边界感？缺乏边界感的人有什么表现？为什么很多人缺乏边界感？如何建立边界感？本书对这些问题做出了深入的解答。具体而言，本书分别从职场、情侣、朋友、亲子、夫妻 5 大维度讲述了边界感的重要性，以及如何与同事、恋人、朋友、孩子、爱人建立应有的边界，保持最舒服的距离。全书共 5 章，每一章都是从动人的小故事、小案例入手，然后引申到建立边界感的方法上，可读性非常强，也具有一定的实操性。

本书能够帮助读者在与不同的人相处时建立边界感，规范自己的言行举止，同时也保护自己免受他人侵犯，适合需要应对职场挑战，以及处理爱情、友情、亲子和夫妻关系的人阅读。

◆ 著 肖 卫
责任编辑 张国才
责任印制 彭志环

◆ 人民邮电出版社出版发行 北京市丰台区成寿寺路 11 号
邮编 100164 电子邮件 315@ptpress.com.cn
网址 https://www.ptpress.com.cn
固安县铭成印刷有限公司印刷

◆ 开本：787×1092 1/32
印张：7.75 2024 年 11 月第 1 版
字数：100 千字 2025 年 11 月河北第 5 次印刷

定 价：49.00 元

读者服务热线：（010）81055656 印装质量热线：（010）81055316
反盗版热线：（010）81055315

人类一切痛苦的根源，都源于缺乏边界感。

——邦达列夫　俄罗斯作家

前　言

　　如果你经常翻看微信朋友圈，就会发现每个人在微信朋友圈发的内容都不同。有些人喜欢在微信朋友圈晒娃，有些人喜欢晒与工作相关的内容，还有些人喜欢晒美食或者旅游时的美景。当然，微信朋友圈的权限设置也有所不同，有些人的微信朋友圈是公开的，有些人的微信朋友圈仅对关系亲密的家人或者朋友开放。

　　微信朋友圈中所晒的不同内容与设置的不同开放权限，正体现了人们所具有的不同边界感。

　　什么是边界感呢？简单地说，所谓边界感就是指对自己或者他人的界限的意识。边界感通常有强弱之分，边界感强的人不过分干涉他人的生活，同时能够在他人越界时及时拒绝，以维护自己的自主性。

其实，拥有边界感就是在自己与他人之间划了一条相处的界限。有了这条界限，我们的一言一行就有了尺度与准则。只要把握好这个尺度与准则，我们在与他人相处时就会注意自己的言行举止，不越过这条界限，从而与他人融洽相处。

俄罗斯作家邦达列夫说过："人类一切痛苦的根源，都源于缺乏边界感。"

缺乏边界感的人会有什么表现呢？他们通常会不断地越界，不断地侵入他人的空间或者占用他人的时间，行事没有分寸。例如，一些父母习惯不敲门，不问孩子是否同意，就直接进入孩子的房间；一些职场人士在办公室工作时，不跟同事打招呼，未经同事允许，就擅自使用同事的电脑或者其他办公物品等；情侣中的一方不问对方是否同意，就偷偷地翻看对方的手机……有这些行为的人很容易引起他人的反感，也难以有融洽的人际关系。

当然，一个人缺乏边界感，不仅容易伤害他

人，也容易委屈自己，让自己在各种人际关系中疲于应对。之所以如此，是因为他在行事时没有自己的底线与原则，不懂得拒绝他人。因此，要想与他人有正常的人际关系，我们就要有边界感。具体来说，就是在与人相处时，我们要明白什么事应该做，什么事不应该做，并且一定要掌握好分寸。

为什么在我们身边，很多人会缺乏边界感呢？究其原因，是因为他们对边界感缺少一定的了解，掌握的相关知识不多，不懂得如何与他人建立应有的边界感，保持应有的距离。

一个人如何才能有良好的边界感，在与他人相处时能知进退，保持恰如其分的距离呢？边界感不是与生俱来的，而是要通过人们后天学习才能掌握的。

为了能让读者学习、掌握更多的边界感方面知识，成为有良好边界感的人，我撰写了这本书。本书分别从职场、情侣、朋友、亲子、夫妻5大维度，讲述了边界感的重要性，以及如何与同事、恋人、朋友、孩子、爱人建立应有的边界，保持最舒服的距离。

本书共5章，每一章都是从动人的小故事、小案例入手，然后引申到建立边界感的方法上，可读性非常强，也具有一定的实操性。读者在阅读后会有很强的获得感，甚至能现学现用。

如果你被缺乏边界感这件事所苦恼，不妨读一读这本书。我相信，你读了此书，总会有一丝收获，包括意识到建立边界感的重要性，掌握建立边界感的具体方法，以及重新审视自己的言行举止，让自己在做事时有底线，与他人相处时有分寸，从而享受到更加和谐的社交体验。

目　录

第 4 章

亲子边界：没有边界的爱养不出幸福的孩子

第 5 章

夫妻边界：有边界的婚姻长长久久

第 1 章

职场边界:
同事间保持最舒服的距离

责任边界：明确自己的角色和职责

卫微在一家影视传媒公司上班，我问她进了新公司是否适应。原本开心的她，听了我的话立马眉头紧皱。

原来，初入公司，她被分配到了策划部。由于她是新人，策划部主管张经理就让她从打杂做起。入职后，她每天不是帮同事打印资料，就是在开会时给同事们端茶递水。虽然这些活繁杂且辛苦，但是她却做得乐此不疲。直到有一天，同事王姐让她帮忙打印一个策划案文件。

那天，她帮王姐打印好资料，就放在王姐的办公桌上。然而，第二天王姐看都没看就直接交给了张经理审核。

张经理在审核这个策划案时发现一个数据多了

一个零。这还了得！他立马把王姐叫到办公室，并问王姐怎么会犯这种错误。

没想到的是王姐对张经理说："我写完这个策划案就交给卫微打印，并且叮嘱她打印时一定要多看几次，千万不能出错！没想到她工作这样不认真！"

卫微听说这件事后非常吃惊，甚至做好了被辞退的准备。同事们也都对她指指点点，一副看好戏的姿态。

好在这件事并没有造成严重后果，张经理也比较明事理，没有过多批评卫微，只是提醒她以后要认真工作。

经过这件事，即使有惊无险，卫微也体会到了职场的复杂。她既感觉委屈，又有些不解：为何不是自己的责任，王姐却要让自己承担呢？这是不是传说中的职场霸凌呢？

职场是一个大江湖，有江湖的地方就有纷争或霸凌。而一遇到有人"甩锅"给自己，很多人的第一反应就是像卫微一样："我被同事欺负或霸凌了，天啊！这可怎么办呢？"

怎么办？我曾见过有人给"背黑锅"的朋友出主意，"像你们这种公司，还是早点辞职吧。早点辞职，就是及时止损！不然，你就要像小媳妇一样熬着。等有一天你成为老员工，媳妇熬成婆，你就可以让他人为自己'背黑锅'，一报前仇了！"

其实，在"背黑锅"的情况下提出辞职是亲者痛、仇者快之举。而通过将来有一天让他人"背黑锅"一雪前耻，也可能会得不偿失。万一你遇到了一个容易较真的上司呢？万一他查清了事情的真相呢？那么，你就是在搬起石头砸自己的脚。因此，我的建议是先了解造成这种情况的原因。

一般来说，职场上之所以会出现上司或同事"甩锅"给他人的现象，主要原因是某些人的职场角色与责任边界有问题。例如，对自己的岗位与职责不了解或划分不清，时间长了就会出现推诿、"甩锅"、扯皮等不良现象，甚至会让同事或下属为自己"背锅"。

由此可见，身在职场，要想避免发生推诿、"甩锅"、扯皮等现象，我们就必须了解什么是职场中的责任边界，然后学会对不属于自己责任边界内的工作任务说"不"。

责任边界通常是界定自己责任与他人责任的分割点。在职场中，所谓的责任边界就是工作任务与职责范围，以及为完成这些工作任务所需承担的责任。

要想了解自己在职场中的责任边界，我们该如何做呢？

首先，我们要明确自己在职场中扮演的角色。例如，在公司中，我们是领导，还是普通员工？在部门中，我们是管理者，还是普通员工？在项目中，我们是负责人、管理者，还是执行者？只有了解清楚这些，我们才能认清自己的岗位与职责。

其次，我们要了解自己所负责的具体工作。很多时候，我们之所以为他人"背黑锅"，是因为不了解自己所负责的具体工作。例如，在一个岗位上，自己究竟要负多少责任，哪些事情是自己要管的，哪些事情是不归自己管的？

要想了解自己的岗位职责，我们可以参考以下方法。

第一，多读几次岗位职责说明书。

新员工入职后，有些公司通常会有非常详细的岗位职责说明书。新员工要想了解自己的责任边界，就要多读它，这样就能知道哪些工作是自己负责的，哪些不属于自己的职责。

第二，多与上级沟通。

如果公司没有岗位职责说明书，那么上级就会分工或交代工作任务。在上级分工或交代任务后，我们有什么不明白或不懂的地方，就一定要多问，以了解具体的工作任务。

第三，积极参加相应的培训。

很多公司都有针对新员工的入职培训，在培训时会让员工了解自己的工作岗位与职责等。因此，新员工入职后一定要参加这类培训，并认真做好笔记。这样就能明确自己的工作，认清职责。

第四，多与同事沟通。

通过与同事沟通，了解他们的工作内容和职责，再进一步对比，更好地明确职责范围，避免出现冲突，在沟通中明确彼此的责任边界，以便最终达成默契。

在明确自己的职责后，我们一定要认真对待属于自己分内的工作。至于分外的工作，我们就要看自己的心情或人情。如果同事想偷懒，将他分内的工作交给我们，我们需要问自己的内心，常规上应该是学会说"不"。如果同事的手头工作多，实在需要帮忙，而我们又有时间，那么我们自然要看心情决定是否伸出援手了。即使同事需要帮忙，我们也一定要多留个心眼。例如，保留好自己是在帮忙的证据；或者向同事说明一旦出了问题，自己不承担任何责任。这样我们就明确了自己的责任边界，从而避免自己因责任边界问题而成为"背锅侠"了。

时间边界：明确工作的时间界限

　　伍小刚是一家直播带货公司的主播，他告诉我，虽然自己收入不菲，却已从公司辞职。辞职的原因是工作时间太长，导致身体有些吃不消。

　　伍小刚是在 2018 年进入这家直播公司，并成为带货主播的。他通常每周要播 4 天，每次直播的时间是从晚上 6 点到 12 点。

　　虽然每次直播是 6 小时的时间，但是他要提前 3 小时到公司。因为每次直播都需要做一些准备工作，如选品、背台词等，所以每次直播完，他感觉自己快累死了。

　　由于直播工作要求主播在镜头前保持特别兴奋的状态，长时间如此，他感觉压力特别大。而在不直播的日子，他也要到公司上班，给公司拍视频或做一些运营、客服之类的工作，依然很辛苦。

直播工作压力大，时间一长，他的心理出了问题，如容易焦虑、脾气变得很急躁等。于是，他权衡再三，不得不做出一个痛苦的决定，那就是辞职。可是，家里人却反对，认为他矫情。因此，他与家人吵了一架。

他问我：自己辞职是矫情吗？是一种错误的选择吗？

其实，伍小刚的辞职不论是对还是错，都是他个人的一种选择，但不容置疑的是他需要明确自己工作的时间界限。正是因为没有明确工作的时间界限，他每天都在超时工作。

什么是超时工作呢？我国法定的工作时间是每天不能超过 8 小时，平均每周不能超过 44 小时。可是在现代社会，很多人每天甚至每周都在超时工作，而超时工作不仅会影响我们的身心健康，还会影响我们正常的家庭与社交生活。

周末的时候，我组织了一场同学聚会。那天，其他同学都按时来了，刘彬却没来。他在微信中给我发来信息："你们别等我了，该吃就吃，该玩就玩吧！"

我问他怎么了？

他说："我原计划下班后去接孩子放学，然后带他参加聚会。可是现在呢，部门原定 1 小时的例行会议已超时了 20 分钟，还不知什么时候结束。况且，我还有另一份工作需要处理。所以，我不得不加班。"

然后，他又告诉我，此时自己坐在会议室里表面上云淡风轻，可是心里却早已犹如千军万马在奔腾，甚至抱怨主持人："怎么这么拖拉？知不知道你已跨越了你的时间界限？"但他只是私下说说而已，却不敢直接跟同事抱怨。

我告诉刘彬，与其这样敢怒不敢言，不如明确自己工作的时间界限，并与同事沟通自己确定的时间界限。

身在职场，如何明确自己工作的时间界限呢？我们可以先从自己出发，具体按照以下步骤执行。

首先，我们要限时工作。这需要我们制订详细的工作计划，明确每天做哪些工作、每项工作用多长时间完成，并且要设法保证按时完成每项工作。例如，作为公司某部门的主管，为了保证某个会议按时完成，你可以给所有下属发一个20分钟的会议通知，并附带详略得当、重点突出的会议议程，在开会时严格按流程执行，这样就能防止会议超时。

其次，我们要学会优化事情的等级，即把事情按重要性程度依次安排。同时，我们要学会划分自己的时间，在不同的时间段给自己分配相应的任务，从而让自己的日程紧张且有序。

做到工作日程有序，我们就可以避免忙中出错，忘记或遗漏一些重要的工作，进而打乱一天的计划，导致超时工作。

最后，我们要在设定的时限内高效地工作。在工作时，很多人看起来很忙碌，实际上却效率极低。例如，原本两个小时可以写完的方案竟然用了四五个小时。究其原因，是因为在工作时不能集中注意力。例如，要接同事的电话，或者同事推门而入，来当面沟通一些比手头工作次要的事情。

在明确工作的时间界限时，我们还可以这样处理。

第一，设定专用工作时间。

我们在日历上划出最繁忙的时间段，如每周一、周二上午的 9:00—11:00，将这个时间段专门用于处理一些重要的事情。或者，我们也可以根据具体的工作情况选择与划分完成重要工作或项目的专用时间段。

第二，提前与上级或同事沟通。

如果在最繁忙的时间段有上级或同事来打扰我们，或者安排我们参加某些例会，我们可以提前与他沟通，最好不要在这个时间段来打扰自己，建议他换一个时间段来沟通，或者发邮件告知需要沟通的事情。

第三，制造物理距离。

为了让自己能在专用的时间段里专注地工作，我们可以关上办公室的门，避免被打扰，或者去公司的小会议室、人少的办公室等地方办公。这样，我们就能在专用的时间段集中精力工作，保证在确定的时限内完成工作计划。

第四，超时工作时要学会自我放松。

很多人在超时工作，特别是长时间加班时，都会有特别疲劳的感觉。要想避免出现这种情况，最好是工作一段时间后就让自己休息或休假。这样既能减少压力或焦虑等，又能提高工作效率。

或许有人会问：如果我总是忘记放松，怎么办？很简单，你可以利用在线日历，到该放松时让它提醒你伸个懒腰，或者去给自己倒杯水喝。

第五，学会休息。

一方面，我们要充分利用好下班后的休闲活动，这可以让我们体验到明显的个人时间；另一方面，我们要提前安排好个人的休息和休假时间，与同事协调好工作安排。

总之，作为职场人，学会时间管理非常重要。我们一定要学会管理时间，明确自己的工作时间界限，否则就会因超时工作而影响身心健康。在日常工作中，我们应该清楚什么时间工作、什么时间休息，并为两者划分明确的界限。

信息分享边界：不过度分享自己的事，不打听和传播别人的事

　　王小萌在半年前进了一家房地产公司上班。半年后，王小萌与同事李姐、张姐、孙姐都被分到一个叫作"清水湾"的项目组。在项目组工作了一段时间，王小萌发现李姐性格外向、说话幽默、待人热情，可是除了工作上必要的交流，张姐、孙姐似乎都在刻意疏远李姐。

　　王小萌有些不解："这是为什么呢？李姐这个人还不错啊！"

　　有一天中午，王小萌与李姐一起吃午饭。李姐看王小萌吃了一点米饭，就劝她多吃点。王小萌随口说了一句"我在减肥"，没想到李姐立马双眼放光："减肥？你体重多少？你看起来不胖，为什么

要减肥？你不好好吃饭，男朋友不心疼了？"

王小萌原本不想让人知道自己减肥的事，但李姐一听到她在减肥，立马甩出一千个为什么，而且说话声音那么大，唯恐天下不知似的。王小萌感到很不开心，她怕继续与李姐待下去会控制不住自己的烦躁情绪，就对李姐说"我不吃，先走了"，然后离开了饭馆。

让王小萌生气的是很多同事都知道了她在减肥，而且流传的减肥原因竟然有多个版本，其中之一就是前男友因为她胖将她甩了，所以她才拼命减肥！最要命的是她再和同事吃饭，同事总拿这件事说她。例如，同事看她吃红烧肉时总是表现得震惊："你不是在减肥吗？怎么还吃红烧肉？"

她真想找李姐当面对质，但转念一想，又怕跟李姐撕破脸，不利于开展工作。所以，她选择了忍受。

后来，王小萌在微信中问我："李姐为什么这么喜欢传播别人的事？是不是因为这个原因，同事们才懒得搭理她？"

我给王小萌回复了三个字"有可能"，建议她以后少和李姐聊天，如果必须聊天，那就一定要想好有些话是否应该说，不应该说的千万别说。

社会心理学中有一个概念——自我暴露。所谓自我暴露，是指一个人主动与他人分享自己的私密信息和真心话，以此增强与他人的亲密关系。

自我暴露的程度越高，关系间的亲密水平通常就越高。于是，一些人为了赢得他人的认可或与同事拉近关系，就喜欢自我暴露，与同事分享自己的个人信息。例如，在茶水间吐槽新来的同事很笨，聊最新入手的化妆品等。当然，也有人是在无意中自我暴露，与同事分享了自己的个人信息，甚至说出了自己的小秘密。

不管是有意还是无意与同事分享个人信息或小秘密，我们都需要知道，在职场中，特别在信息分享上，一定要有分寸。如果我们在信息分享上没有边界感，就会影响个人形象，让人觉得行事不稳重。

再者，同事关系与邻里关系、朋友关系完全不同，如果过多地与他人分享个人信息或传播他人信息，就可能冒犯他人或被他人冒犯。

此外，过多地与他人分享个人信息，易授人以柄或被人利用。毕竟，同事之间有竞争关系与利益冲突，同事知道我们的个人信息越多，就越了解我们的短板与软肋。

职场中如何做，才能在信息分享上有边界感呢？

第一，分享自己的个人信息时不要过度。

吴君在一家传媒公司实习。有一次，她与三位女同事一起在食堂吃饭，没想到那些女同事却在聊非常私密的话题。

有一位女同事说自己觉得老公出轨了。她的话音刚落，其他两位女同事就表现出非常好奇。有一位女同事竟然非常直接地问她："为什么觉得他出轨了？是经常加班到很晚？经常会夜不归宿？还是……"

　　吴君还是没谈过恋爱的小姑娘，觉得她们连夫妻之间的私密话题都拿到桌面上聊，也太没有信息边界感了！于是，她就问我："我们同事的嘴太碎了，自己与这样的同事相处，应该怎么办呢？"

　　其实，同事之间聊天，如分享化妆与美食信息，都是正常的。不过，重要的个人信息，甚至涉及个人隐私的信息，就不要与同事分享了。如果有同事对这些信息非常关注与好奇，我们要学会拒绝。这样就可以避免过度暴露个人信息，给自己与他人造成困扰。

　　第二，尊重同事和公司的信息。

　　每个人都有不想为人所知的信息，比如个人隐私。传播他人的小秘密，甚至弄得沸沸扬扬，就是对他人"私属领地"的侵犯。因此，我们在办公室中，不要太关注同事的个人信息。

　　如果有同事出于信任或伤心，想与我们分享他的个人信息，我们要学会保密，而不是转身就告诉其他同事，以至于在公司弄得沸沸扬扬的。

　　如果同事不想与我们分享他的个人信息，即使我们从其他渠道知道了他的个人信息，也要保持沉默，而不是四处传播。

要知道，我们和同事是工作关系，对于同事的个人隐私没有必要过多打听，更不能传播。这样就能避免因为信息分享越界，而引发与同事之间的矛盾。

同样，我们需要保守公司的机密，并且为公司的相关方案保密。特别是很多公司为了保护自己的商业机密，提前跟员工签订了保密协议，我们一定要遵守保密协议，这是基本的商业道德。如果工作内容中需要分享公司的信息，我们一定要请示上级。

第三，少说多做，将精力放在工作中。

只要一进办公室，我们就要永远记住，将精力与心思都放在工作上。在工作时，我们要少说多做，将注意力放在要做的事情上。如果因为工作的原因必须与同事沟通，我们就要有事说事，直奔主题，不要聊与工作无关的话题。

如果同事一定要与我们分享个人信息，并且要我们出主意，我们就要让同事自己拿主意。因为更多时候，同事与我们分享个人信息，只是为了发泄情绪而已。

超出职责范围，要学会有礼貌地说"不"

有一个年轻人在微信中给我留言，她叫陈萌，3 个月前入职了一家新媒体公司。在这段时间里，她工作非常努力，给主管和同事都留下了良好的印象。3 个月的试用期就要到了，她留下的可能性比较大，可是她却犹豫要不要留在这家公司继续工作。

我问她为什么。她说自己的性格比较内向、沉稳，刚入职时领导给什么工作就做什么工作。有时候，同事也会让她帮忙做一些事情，如整理资料、点外卖等。对于领导或同事安排的工作，她都是有求必应。再加上原本有自己的工作，所以她在工作期间很少有能休息的时候。一天下来，她感觉自己累得要散架了。

有一天快下班时，有一位同事因为要加班，没时间去接即将放学的儿子，就安排她去。其实，她的工作也是要加班完成的，但她不好意思拒绝同事，只好答应了。

那天，等她完成自己分内的工作时，办公室里早已空无一人。

最后，陈萌说，这家公司的环境与工资、福利等都不错，她很想继续留在这家公司工作，但又怕领导或同事总是给她安排不属于她职责范围内的工作。

看完陈萌发来的微信，我考虑一会儿后，就这样回复她："你是否继续在这家公司工作，选择权在你手中。不过，你要想继续留在这家公司工作，就必须学会拒绝。对于那些不属于自己职责范围内的工作，你要学会说'不'。"

没想到陈萌看完我的回复，又给我发了一条文字信息："学会拒绝？老师，怎么好意思呢！他们可是我的领导和同事！"

身在职场，或许很多人不想做不在职责范围内的工作，可是又不敢拒绝。之所以不敢拒绝，表面上看，主要原因可能是不好意思，或者怕给领导和同事留下不好的印象，例如，担心领导认为自己不愿多付出，担心同事说自己小气。

实际上，职场中凡是不敢拒绝不属于自己职责范围内的工作的人，基本存在职责边界感差的问题，他们会认为自己多做点工作没什么。然而，现实是人心难测。例如，你越是经常帮助领导或同事做他们应该做的事情，有些人可能会越觉得你软弱可欺。

再者，很多公司都有比较完善的考核流程，如果你自己负责的工作不达标，领导也不会因为你做了很多分外之事而认可你。因此，学会拒绝不属于自己职责范围内的工作是职场人士的必修课。

那么，如何学会拒绝不属于自己职责范围内的工作呢？其实，这事没有想象的那么复杂。

首先，明确自己职责范围的界线。

身在职场，最忌讳的就是个人职责不清。而要想学会拒绝不属于自己职责范围内的工作，你一定要先了解、明确自己的职责，知道哪些职责是自己的，哪些职责是同事的。

如果你实在不清楚自己的职责范围，就可以列出工作清单，写明哪些工作是自己必须做的。例如，你在服装公司的设计部做服装设计师，职责是做与服装设计有关的工作，那么与服装设计无关的工作就不必列入清单。

其次，对于职责范围外的工作要学会礼貌地说"不"。

岳月是一家医院的实习医生，为了能给领导和同事留下好印象，她对领导和同事是有求必应。即使知道领导和同事给的工作不归自己负责，她不想做，但也不好意思拒绝。结果，领导和同事就得寸进尺。

有一天，科室的领导竟然在她值完一个夜班后又安排一份额外的工作，而且完成时限在第二天早晨。这样，她就没有几小时的休息时间了。第二天早晨，她按时完成了领导交给的工作，但自己却无精打采，在整理病历时差一点出错，幸亏被一位同事发现了。于是，她下定决心要改变这一切。

如何改变呢？她不知从哪入手，于是就来问我。我建议她："如果再有人给你安排不属于职责范围内的工作，你一定要学会拒绝，比如学会礼貌地说'不'。"

岳月一听我让她礼貌地说"不"，立马担心地问我："会不会得罪领导和同事啊？"

岳月的担心不是多余的，毕竟身在职场，要经常与领导、同事打交道，而且领导也掌握着职场上的很多权力。不过，如果我们学会委婉地拒绝，礼貌地说"不"，就会让领导和同事了解自己的底线与边界，由此对于给自己布置职责范围外的工作望而却步。

在职场中，我们如何委婉地拒绝那些不属于自己职责范围内的事情呢？用以下方法礼貌地说"不"，通常会具有事半功倍的效果，我们不妨尝试。

第一，踢球法。

如果领导或同事安排了不属于我们职责范围内的工作，我们可尝试将"球"踢回去："领导，您安排的工作，我已收到。因为这个工作原来是由同事小刘负责的，所以我不太熟悉流程，但我愿意边学习、边尝试。不过，正因为我不熟悉，也就不能保证进展速度。如果您着急的话，建议您还是让小刘来完成。"

如此有礼貌地表达，我们就可以不动声色地拒绝不属于自己职责范围内的工作，而且会得到领导的谅解。

第二，提前声明法。

如果领导或同事想给我们安排分外的工作，我们可以用提前声明法来委婉地拒绝。

我们可以这样说："领导，您好！收到您交代的任务，我将尽力完成。但是，我要提前说明一下，由于我没有这方面的工作经验，不能确保高质量地完成这项工作任务。所以，您看是否仍然把这项工作交给我？"

第三，排队法。

如果我们手头有不少工作，而领导或同事又想给我们安排职责范围外的工作，这时我们就可以用排队法应对。我们可以这样和他们沟通："您安排的工作，我已收到。我要向您说明的是现在我手头已有三项工作，您看哪项工作比较急，我应该先做哪项工作，哪项工作可以向后放一放？"如此沟通，就会让领导或同事明白，我们手头的工作很多，没有时间做其他工作，从而打消他们再给我们安排工作的想法。

最后，我们一定要记得，如果不是自身的职责，即使是上级交给的分外工作，也要据理力争，礼貌地拒绝。只要我们在沟通时有礼貌且有理有据，领导和同事都不会因为我们说"不"而为难我们。但是，我们在拒绝领导或同事时，一定要注意自己的语气与态度。例如，说出自己的理由或困难时，语气要委婉而坚定，态度要温和，这样就能让领导和同事了解我们的职责边界与底线。

不要把私人感情或生活带入工作中

有一位年轻人曾经问我："老师，最近我想辞职，可是又有些不好意思，怎么办呢？"

我问他："为什么不好意思呢？"

他告诉我，现在自己所在的这家公司提供的待遇不是很好，而他大学同学的工资都比他高一两倍。因此，有时他很想辞职。不过，公司老板待他还不错。

他进入这家公司时没有工作经验，是老板手把手带他的。老板平时还非常关心他。有一次，他感冒了，老板知道后马上开车带他去医院看病。所以，他每次想辞职时都有些不好意思。

其实，我最初进入职场也有这种经历。我觉得，自己之所以纠结或不好意思，是因为在工作中掺杂了太多的私人感情。

在工作中掺杂太多的私人感情，会影响我们的判断与决策。因此，我建议向我咨询的年轻人换一个角度考虑问题。例如，假如有一天公司运营出了问题，经营不下去，或者你伤害了公司的利益，老板想辞退你时，会不会不好意思呢？

年轻人说："当然不会！"

随后，我又告诉他："记住你来公司的目的是什么。是为了赚钱吧？公司给的工资没有达到你的预期，怎么办？"

他听了我的话，马上说："老师，我知道应该怎么做了！"

过了几个月，年轻人给我发来微信："老师，我从原来的公司辞职了。幸亏听了您的劝告，因为原来的公司破产了，我早辞职简直是及时止损！否则，我就会像同事一样要面对一场职业危机！"

曾经有人问我："如果把私人感情带入工作中，会有什么样的结果？"我回答："那有可能是一场危机，或者是一场灾难。"

为什么很多人喜欢把私人感情或生活带入工作中呢？究其原因，是因为他没有职场感情边界。

所谓职场感情边界，就是在职场中既要投入感情，又要把握好应该把握的边界。例如，要把握好与同事之间的感情边界，不要让私人感情影响工作或与同事之间的协作。否则，不仅会影响自己的职场生涯，也会给他人造成困扰或带来麻烦。

身在职场，我们应该如何做，才能避免把私人感情或生活带入工作中呢？

首先，我们要在感情上做到公私分明。

第一，在办公室时，不与同事谈论个人的感情或私生活。毕竟办公室是公司的办公场合，不是自己的家。

第二，在办公室时，如果同事找自己聊天，最好是聊工作的事情。因为在办公室的时间是工作时间，如果在工作时间聊个人感情，那就是在浪费公司的办公成本。

第三，即使同事一定要找我们聊感情，我们也要少谈自己的感情，而多听同事说。因为话多必失，更何况我们与同事既有协作关系，也有竞争关系。所以，要想不授人以柄，我们就要管住自己的嘴巴。

其次，与同事相处时尽量少打感情牌。

小顾大学毕业后，进入了一家金融公司上班。上班后不久，她发现部门的两位女同事竟然都与自己毕业于同一所大学，都是学姐。于是，她就张口闭口地叫她们"学姐"。

她这样称呼两位女同事，无非是想借机跟她们套近乎。而让她不解的是两位女同事一听她这样称呼自己都马上变脸，然后一脸高冷地转身离开。不过，这两位女同事对其他同事都是客客气气的。

小顾绞尽脑汁也没想出自己是哪里做错了，就来问我应该怎么办。

我建议她先问一下公司的老同事。她听了我的话，就在一次加班时问了同事刘姐，自己哪里做错了。刘姐看了看四周，确定办公室没有其他人，就告诉她："公司王经理最讨厌下属拉帮结伙，平时同事们尽量避嫌，彼此都保持一定的距离。如果聊天，话题也是三句离不开工作，很少涉及个人感情。你可倒好！学姐、学姐地叫，唯恐别人不知道你们是一所学校毕业的，你这是让她们向枪口上撞呢……所以，她们都会对你冷着脸！"

或许，很多人初入职场，想与同事搞好关系，于是千方百计地与他们套近乎。然而，职场有职场规则，企业也有企业文化，如果我们不了解这些，很多时候就容易碰壁。因此，我们不要自以为是，认为与同事套近乎就一定会得到他们的帮助。

事实上，他们帮不帮我们是他们的事，但我们与同事套近乎在老板眼中却可能是拉帮结伙，会影响工作。因此，我们在工作时要尽量少与同事打感情牌。

其实，职场比拼的一向是能力，而且有一定的规则。因此，职场新人要将所有心思放在工作上，并且要了解所在公司的成文与不成文的规则。例如，如果了解到领导不喜欢同事之间走得太近，就不要与同事走得太近，而是保持一定的距离。

最后，要记得的是无论遇到何事，都不要感情用事。例如，不喜欢同事的性格与为人，就在工作中拒绝与他合作，或者处处针对他、为难他，或者一遇到问题就控制不住自己的脾气，要生气、想骂人、闹情绪，这些都是不合适的。

聪明的做法是身在职场，即使不喜欢同事，我们也要在同事面前保持友善，向他传递自己的善意。在合作时，即使与同事达不成一致的意见，我们也要控制情绪，尽量做到心平气和地说明自己的意见，就事论事。这样才能守得住应有的职场边界。

总之，我们在职场中既要努力工作，又要了解并遵守相关规则，同时不要在工作中掺杂太多私人感情，更不能把个人感情凌驾于工作与职责之上。

不乱闯同事的办公空间，不乱碰同事的私人物品

有一天快下班时，王芳与刘丽在办公室吵架。原因是刘丽没有征得王芳的同意，就用了王芳的口红。刘丽对此百思不得其解，因为她们平时的关系还不错。于是，她就来问我："这个王芳是不是在小题大做啊？"

我问刘丽："你为什么觉得王芳是在小题大做呢？"

刘丽说："我不就是用了她的口红吗？至于么？"

一支口红或许真的没什么，但刘丽与王芳的矛盾可不是一支口红引起的，而是她做人没有底线。

王芳的家在当地，父母都是大学老师，家里经

济条件不错。所以，她可以随意支配自己挣的工资，花钱也比较大手大脚，仅口红就买了不少。而刘丽的家在外地，住房是租的，每月工资除了支付房租与生活开支就剩不了多少。所以，刘丽虽然爱美，却一直舍不得花太多钱买化妆品。

有一天，刘丽见王芳的桌子放了 5 支口红，就眼睛一亮。她问王芳："王芳，能不能借我一支口红？我忘记带口红了，可是一会儿有个活动，需要涂口红。"

王芳听了刘丽的话，心想都是同事，人家开了口，怎么好意思拒绝呢？于是，她笑着对刘丽说："咱俩是同事，当然可以啊，你挑一支用。算了，你挑好了用就行，别还我了，就当我送你的！"

刘丽听了王芳的话，满心欢喜地说："好啊，那我就不客气了！"

后来，刘丽又向王芳借过护手霜。王芳虽然心里不乐意，觉得她过分，但是也笑着借给她了。而刘丽却觉得王芳既然都借给自己口红与护手霜了，说明她不在意跟自己分享她的化妆品。有时王芳不在办公室，刘丽也会用王芳的口红与护肤水、护手霜。

可没想到这一天，刘丽又在涂王芳的口红，被外出办事回来的王芳看到。而且，王芳翻了脸，并当着一位同事的面大声地质问她："你进我的办公室，用我的东西，经过我同意了吗？你凭什么乱用我的东西？"

刘丽被王芳吼得不知如何是好，恨不得有个地洞钻进去！

很多人在职场中与同事相处太过随意。例如，自认为与同事关系不错，就在没有经过同事允许的情况下擅自进入同事的办公室，或者使用同事的私人物品。不介意的同事知道后或许会一笑了之，而介意的同事就会生气。

曾经有人给我发微信，说同事在没事时总往自己的办公室跑，还经常不敲门就直接推门而入，坐在沙发上和自己聊天，而自己还有一堆事情要做，哪有时间陪他聊天！还有人向我抱怨，说同事一来自己的办公室就翻自己放在办公桌上的书，然后找到想看的书拿着就走，说过几天看完后归还，根本不问自己同意不同意。最后，这个人说："同事怎么这么没教养？怎么这么爱占小便宜？"

乱闯同事的办公空间，或者乱动同事的私人物品的人，真的只是没有教养或爱占小便宜这样简单吗？当然不是，而是因为他们没有职场的空间边界感与物品边界感。那么，什么是空间边界，什么是物品边界呢？

空间边界是指每个人可以独自使用或专用的房间或区域，职场的空间边界则指职场中那些专属某个人的办公房间或办公区域。

物品边界是指每个人可以有属于自己、不与他人分享、不被他人侵占的专属物品，并且拥有这些物品的使用权和处置权。职场物品边界是指职场中每个人都有属于自己、不能与他人分享、不被他人侵占的物品，如私人物品与专属办公物品等。

在职场中，我们对自己的专属办公空间或私人物品有使用权和处置权，但是对同事的专属办公空间或私人物品没有使用权和处置权。因此，我们在职场中一定要有空间边界感与物品边界感；否则就会越界，甚至会与同事发生矛盾或不愉快。

在职场中，如何才能做到有空间边界感与物品边界感呢？

首先，我们要了解以下物品通常属于同事的私人物品或专属物品。

第一，同事的个人服饰与随身物品，如同事备用的衣服、发饰、手拎包或背包、化妆品等。其中有一些物品，如手拎包或背包中会装有身份证、社保卡、钱包、信用卡、借记卡等。因此，我们不要乱动同事的个人物品。

第二，同事的个人电子设备，如手机、笔记本电脑、平板电脑等。同事通常会将个人重要信息，如通信录、照片、视频、日记等都储存在这些设备中。对于这些物品，我们一定不要触碰。

第三，同事的个人文件和资料。很多人习惯将个人简历与工作日记放在办公室或办公位的桌子及办公柜中，对于同事的这些个人物品，我们也应该有边界感，尽量远离。

其次，我们要尊重同事的空间边界与物品边界。

第一，去同事的办公室一定要先敲门。

无论与同事的关系有多好，我们去同事的办公室时也一定要先敲门，要在同事同意的情况下才可以进入他的办公室。这是对同事空间边界的一种尊重。

第二，在同事的办公室需要得到允许才能使用他的物品。

进了同事的办公室，我们不要喧宾夺主地坐在同事的办公桌前或电脑椅上，而是要坐在接待客人的小沙发上。如果工作需要，我们在同事同意的情况下，可以坐在同事的办公桌前或使用他的办公用品。

如果觉得同事的私人物品（如包或衣服）很不错，我们想看或借用，一定要征得同事的同意，否则就不要乱动、乱摸或使用。

如果同事没有答应我们动用他私人物品的请求，我们不要因此而对他产生不满，甚至影响彼此的协作关系。我们要明白，同事就是同事，无论同事关系有多好，我们都需要有空间边界感与物品边界感，尊重同事的空间边界与物品边界。

第三，如果我们越界了，就要向同事表达歉意。

曾经有一位女士问我："今天，我去同事的办公室，不敲门就直接推门而入。当时，她正在与另一位同事聊天。明明她们聊得很高兴，可是一见到我就马上拉下脸。为什么她会这样呢？"

其实，这位女士的同事之所以对她拉着脸，是想告诉她："你这个人不敲门就进入我的办公室，太没有分寸了！"

在职场中，很多人会犯与这位女士同样的错误，不经意间在空间或物品上越界，而对方却没有明确告诉你，只是脸上的神情发生变化。所以，与同事相处时，我们一定要学会察言观色。如果我们发现同事的脸色不对，或者被同事故意冷落，我们就要反思自己是不是越过了空间边界或物品边界。如果越界了，我们就要道歉或后退，比如从同事的办公室里退出来。

第 2 章

情侣边界：
让有边界的爱开出温暖的花

需求边界：无论多难满足的需求都要好好"讨论"

岩岩 25 岁了，还没谈男友，妈妈一直为她的婚事着急。妈妈的一位闺蜜听说此事，就给岩岩介绍了一个男孩，名叫李京。

李京在一家国企上班，收入稳定。他的父母经营着一家水产品公司，经济条件不错，很早就给他买了一套 140 平方米的婚房。见李京家里经济条件不错，岩岩妈妈就让闺蜜将李京的微信推送给自己，然后推送给女儿岩岩，并让她加了李京的微信，建议她跟李京试着谈一下恋爱。

可是两个月后，岩岩却对妈妈说不想跟李京谈恋爱了。妈妈问岩岩："怎么了？为什么不想谈了？"

岩岩生气地说："没有为什么，就是感觉不好！"

妈妈有些不解，问她："你能具体说一下，哪里感觉不好吗？"

岩岩叹了一口气，说："接触了两个月，见了两次面，妈妈您觉得正常吗？我觉得根本就不像谈恋爱的样子。第一次见面，在聊天时，我说自己喜欢看电影，他当时'嗯'了一声。可是他只陪我看了一次电影，之后就再也没有下文了……我觉得人家可能根本看不上我，又不好意思拒绝，干脆就将我晾在一边，让我自己提分手。所以，再谈下去就是浪费时间！"

"要不要我去问一下介绍人是怎么回事？"

"不用了，妈妈，上午我已经在微信中给他留言，说了我们一别两宽！"

妈妈一听岩岩自作主张，与看起来条件不错的对象结束了恋爱关系，心有不甘，来问我怎么办。

我觉得她女儿已经拒绝了对方，就没有问介绍人的必要了。我建议她，如果女儿再谈恋爱，对恋人有什么需求，都要向对方说出来。因为只有说出需求，才能让恋人知道自己的需求边界，然后看对方的表现。

每个人都有自己的需求，情侣也是如此。但凡谈过恋爱的人都有这样的经历，恋人满足了自己的需求，自己就会非常开心，感觉非常幸福，觉得对方非常爱自己；反之，如果恋人没有满足自己的需求，就会伤心、难过，甚至因此断定恋人不爱自己，或者没有爱得那么深情，于是像岩岩一样直接因为需求得不到满足就结束了一场恋爱。

曾经有一个男孩对我说："我与女朋友是异地恋，我很喜欢她。可是有时候，我们却会因为一些事情吵架。特别是当她提一些过分的要求时，我们就会吵翻天。"

"昨天，她告诉我，她妈妈今天过生日，要求我必须去她家给她妈妈过生日。可是我最近工作很忙，晚上总是要加班，根本就走不开。结果，她就说我不爱她了，又跟我闹分手。像这样的事情不止发生一次了。"

最后，男孩问我："老师，我要不要跟她分手呢？"

我建议他再跟女孩沟通一下，说清楚你不是不爱她，而是实在走不开。如果女孩坚持要分手，那就分了吧。因为太在意自己的需求是否得到满足的女孩，是没有需求边界的人。这样的女孩从来不会考虑他人的需求边界，而是经常以自己的需求为中心，甚至不惜以爱的名义"绑架"对方，满足自己的需求。例如，很多人总是会说："你不 × × ×，是不是不爱我了？"

实际上，即使在热恋时，每个恋人也是独立的个体，有自己的需求。例如，你需要恋人陪伴自己，但是恋人却要加班，怎么办？解决需求差异的最好办法就是确立需求的边界，并好好讨论。

那么，在恋爱期间，恋人们如何建立需求的边界呢？

首先，要了解彼此的情感需求。

每个人都有自己的需求，但男性与女性的需求是不同的，特别是在情感上。因此，恋爱中的人一定要了解彼此的需求，以确立需求边界。通常，男性需要女友的信任、接纳、欣赏、崇拜、认可、鼓励，而女性则需要男友的关爱、理解、尊重、忠诚、体贴、给予安全感。同时，彼此只有从对方那里得到爱的满足，才更有激情与动力去满足对方对爱的需求。因此，恋人们要先了解彼此的需求，先满足爱人的需求。

其次，有需求要好好地说出来。

在谈恋爱时，很多人都有这样的错觉，就是认为伴侣对自己的需求应该了解，应该能够满足。其实，人与人之间的需求是有差异的，就是所谓的"需求偏差"。因此，我们必须了解彼此的需求。例如，把自己的需求告诉对方，或者让对方把自己的需求说出来，让你能够了解他的需求边界。

如果你不让对方了解你的需求，那么他就不会知道你的需求是什么，更不会满足你的需求。同时，对方不说出他的需求，你也不知道他的需求是什么。

再次，就是要好好讨论彼此的需求如何满足。

特别是当对方没有能力、时间和精力满足你的需求时，你们就要讨论是否有折中的方案。例如，你要男友给你买一个金手镯，但是他手头没有那么多钱，你们就要商量一下：金手镯是否有买的必要？是否可以先买一条项链，以后等他手头宽裕了再给你买一个金手镯？或者暂时放弃你的需求？这样就容易在需求上找到平衡点。

我们在讨论各自的需求时一定要控制好情绪，并注意表达的艺术，要以事论事，千万不能说那些伤害感情的话。情侣之间讲话也应注意分寸，知道什么话必须说、什么话不必说。

最后，我们要记住，当对方不能满足自己的需求时，不要以爱的名义"绑架"对方，而是要站在对方的立场考虑问题，学会理解对方，而不是迁怒于对方。只有这样，彼此的感情才会长长久久。

三观边界：三观不同，多多沟通就好

关海与艺艺是一对恋人，他们是在一次朋友聚会上相识的。因为对彼此的印象不错，聚会结束后，他们就互加了微信。

后来，他们经常在微信上聊天。通过聊天，两人对彼此的了解越来越多，而且互相越来越有好感，慢慢地恋爱就成了水到渠成的事情。

两人谈了半年恋爱，艺艺发现关海与自己的消费观念不同，或者说有很大的差距。有一天，艺艺要去一家西餐厅吃牛排，关海却说："我不喜欢去西餐厅吃牛排，感觉那里气氛怪怪的，很拘谨。还是去大排档撸串好，既可以放开肚皮吃，又不必花那么多钱。"

艺艺喜欢看音乐剧，而关海一听她想看音乐

剧，立马就不开心地说："音乐剧有什么可看的？那么贵，看一场音乐剧的钱，都可以看十几场电影了！"

艺艺经常会买几枝鲜花放在客厅的花瓶中，关海每次看到艺艺买鲜花时就会不屑一顾地教育她："鲜花开不了几天就谢了，买它做什么？多浪费钱啊！"

艺艺问我："别人谈恋爱，男友都是有求必应，对女友都是哄着与宠着，而我这个男友则是事事跟我杠，事事跟我对着干！我怀疑他是孙悟空派来跟我作对的，我是不是遇错了人？我还有必要跟这样的人继续谈下去吗？"

我的建议是她要跟男友沟通，看能否在三观方面找到共同点，如共同的价值观与目标。因为她与男友之间最大的问题，就是三观不合。

在生活中，我们经常听到有人说三观不同的人很难相处。人们之所以这样说，是因为三观不同的人永远都不在一个频道上。

什么是三观呢？所谓三观，就是指一个人的世界观、人生观、价值观。三观不合是指一个人的世界观、人生观、价值观与他人有很大的差别。

通常，三观不同的人看待同一事物的观点、处理同一事件的方式会不统一，甚至存在矛盾。当然，三观不同也会导致人们的生活态度、认知、人生目标等都有所不同。

曾经有一位女孩告诉我，自己要去电影院看最新上映的电影，但是男友却要她等一等，说："等过两天网上就会有盗版，去电影院看是浪费钱。"这是为什么呢？我告诉她，这是你与男友的价值观不同，进而导致消费观不同。

也有男孩问我："我带女友去看大海。我站在海边，告诉她：你看，大海波澜壮阔，浩渺如烟，美不胜收。可是我的女友却认为：海水太深，海浪又急，人掉下去肯定会死，还是离海水远一些。真是败兴啊！我怎么会遇到这样没情趣的人？"

其实，不是他的女友没情趣，而是两人世界观不同，所以在认知上有很大的差异。于是，两人看到大海会产生不同的看法。

许多人在寻找情侣时，总是倾向于寻找与自己三观相同或接近的人，比如价值观接近、社会地位相当。但是，有时却会遇到三观不同的人。

情侣的三观如果不同，认知就会存在差异，在你看来是非常正常的事，在他眼里却是百思不得其解。例如，一对三观不同的情侣，两人的消费观可能会不同。通常，女方认为挣了钱就是要花的，消费时就会没有那么多顾虑，于是经常购物。而她的男友则认为赚钱不容易，要省着花，先存一些钱。那么，他就会认为女友是在乱买东西，浪费钱，甚至会因此与女友吵架。

那么，三观不同的情侣如果不选择各自转身离开，又应该如何相处呢？很简单，方法就是多沟通，然后寻找共同的价值观和目标。

第一，三观不同的情侣要多沟通。

每个人都有自己的三观。三观不同的人看待和处理问题的态度与方式都不同，得到的结果也就不同。无论你的三观是什么样的，既然两人在一起了，你就必须知道，不管遇到何事，都要多沟通。

在沟通时，要多听少说，多倾听对方的观点和立场。例如，女友与自己的价值观不同，爱花钱买东西，此时你一定不要中伤她，甚至给她贴负面标签，而是要听她说，让她说出自己的价值观。

第二，三观不同的情侣要找平衡点。

曾经有女孩问我："我爱读书、学习，今年准备考研。我男友却爱玩游戏，还笑我一个女孩子读那么多书有何用？考研有何用？老师，我怎么会遇到这样不思进取的人啊？但是，他工作不错，父母是做生意的，家境也不错，所以我就一直纠结要不要跟他分手。"

其实，女孩不必纠结，如果发现自己与情侣的三观不同，可以尝试这样做。

首先，要允许对方有他自己的三观。因为每个人都有自己独特的经历和背景，比如家庭成长背景不同、接受的家庭教育不同，从而形成了不同的三观。要允许对方有自己的三观，就是存异。

其次，要表示接纳、理解、尊重他的三观。即使情侣的三观与你的三观有很多不同之处，甚至相悖、不合，你也要对他表示接纳与理解，而不是贬低他的三观，甚至因此打击、嘲笑他的人格等。

最后，要寻找双方都可以接受的那个折中点，也就是能平衡双方三观的某个点，或者寻找可以妥协和平衡的方式。这就是在求同。当然，双方也可以互相妥协，各退一步，尽量在某些方面达成一致，同时也接受某些观点上存在的差异。

例如，男友爱玩游戏，你们可以坐下好好谈一谈，然后制定一些玩游戏的底线原则，避免因玩游戏而影响彼此的休息、工作等。这样就能避免或减少两人之间发生矛盾。

第三，寻找共同的期许与目标。

任何一段感情都是需要经营的。如果情侣的三观不同，又舍不得分手，那就要多花心思经营这段感情。例如，调整彼此对感情或生活的期许，找到彼此共同的期许与目标，互相扶持。两人可以沟通什么时候订婚，什么时候结婚，结婚前是否要买婚房与车子，是全款买还是按揭，是否要为买婚房与车子做存钱的计划，等等。有了共同的消费目标，两人就不会有那么多矛盾了。

再比如，两人可以寻找共同的兴趣与爱好，一起散步、游泳、下棋等。在散步、游泳或下棋时可以多交流，这样两人的感情就会越来越融洽，越来越亲密，甚至能共同成长。

或许每个人都想遇到一个与自己心有灵犀的、灵魂契合的伴侣，但现实是你可能遇到一个与自己三观不合的人。此时，你先别着急分手，而是要与他坐下好好谈一下彼此的三观，并在三观上建立边界。所谓建立边界并不是要情侣画地为牢，而是要在了解彼此三观的基础上给予对方尊重和理解，并寻找共同的价值观，设立共同的目标与期许，进而保持良好的关系。

交际边界：与异性相处要拿捏好分寸

诗诗的同事给她介绍了一个男孩，名叫黄华。两人一见面就聊得非常投机，而且接触时间长了，发现竟然都有共同的爱好。例如，诗诗爱爬山与游泳，而男友黄华也喜欢爬山与游泳。在饮食上，两人也有共同的喜好，比如都喜欢吃清淡的饮食。于是，诗诗就欢喜地投入这段恋情之中。一到周末，他们就一起去爬山与游泳。

诗诗觉得这段感情谈得非常甜美，照这样的速度，半年后就可以谈婚论嫁了。但是谈一段时间后，诗诗就觉得心里有些别扭，因为黄华的一位邻家妹妹从国外留学回来了。

黄华的这位邻家妹妹名叫白晓雪，她一回来就成了黄华的跟屁虫。她除了在黄华上班时不跟着，其他时间都会与黄华如影相随。例如，周五晚上黄华跟同学聚会，她也要跟着去，而且喝多了，黄华竟然让诗诗扶着她。诗诗很生气，但是当着他同学的面又不好意思拒绝。

第二天，诗诗与黄华去爬山，白晓雪竟然又跟着去了，而且还一会儿说累，一会儿说渴。黄华又是给她背包，又是给她买水。

爬山回来，诗诗忍无可忍，在微信中问黄华："以后我们约会时，你能不能不带着白晓雪这个跟屁虫！"

男友问："为什么不带她啊？她不是很好的一个人吗？"

"你不觉得她像一个电灯泡吗？你没有感觉别扭啊？"

"没有感觉别扭啊！我觉得很正常的。人多热闹啊！"

"你是不是喜欢白晓雪啊？喜欢的话，你要做出选择，要么选择我，要么选择她！"

男友说："我是喜欢白晓雪，但不是你想象的那种喜欢，我一直把她当小妹妹看。诗诗，你太小气了，能不能格局大一些？晓雪还是一个孩子，你这吃的是哪门子醋？"

听男友如此回答，诗诗更生气了，几天都不理他。

很多人在谈恋爱时都会或多或少地与自己的情侣发生矛盾。引发矛盾的原因有很多，最常见的一个原因就是情侣在与异性交往时没有分寸，甚至总是越界。例如，与异性朋友交流时不注意自己的言行举止，从而让自己的情侣误会。

我曾经接触过一个名叫申小明的男孩，他经人介绍认识了一个名叫吕小娴的女孩。吕小娴性格开朗，而且特别温柔。她平时说话细言细语，语速也比较慢，可是有一天却对申小明发了脾气，说如果他再这样做，那就分手。

申小明做了什么，让女友小娴如此生气呢？这跟他的同事文初有关系。文初明知申小明有女友，还经常与他一起吃饭，甚至送他礼物。

有一天，文初身体不舒服，竟然直接打电话给申小明，让他陪自己去看病。而申小明也没有告诉小娴，就直接开车带文初去了医院。

"不就是陪我同事去趟医院吗？她至于要闹分手么？太小气了！"看着申小明一脸不屑的样子，我就问他："带同事去医院，为什么不先告诉小娴？"

"我怕她误会啊！"

"怕她误会啊？你不告诉小娴，就去帮女同事，她不是更容易误会你吗？你做事太没分寸了。要记住，你是有女友的人，做事一定要有分寸！"

俄罗斯作家邦达列夫说过："人类一切痛苦的根源，都源于缺乏边界感。"而情侣中的任何一方如果在与异性相处时没有边界感，不注意自己的言行举止，就会让对方感觉非常痛苦。所以，吕小娴生气与她是否小气无关，而是因为男友与异性相处时没有边界感。无论何人，在恋爱时与其他异性相处，一定要有边界感。

与异性相处时，如何建立边界感呢？其实，所谓建立边界感，就是要注意自己的言行举止，与异性朋友保持一定的距离。

第一，与异性朋友相处时一定要明确界限。

明确界限包含哪些是可以接受的，哪些是不可以接受的；哪些话是可以说的，哪些话是不可以说的。例如，不能接受私下与异性朋友单独见面，特别是在私密场所；要尽量避免过于亲密的身体接触，能握手的就不要拥抱，否则可能会引发与情侣之间的矛盾；举止要端庄得体，应该做的事情要做，不应该做的事情千万不能做。

总之，有了情侣后，我们要与异性朋友保持一定的距离。这种距离是多方面的，包括心理上的距离和空间上的距离。

第二，尊重另一半的感受。

在这方面的尺度，我们一定要跟另一半沟通好，本着开诚布公的态度，确定自己与另一半的交往界限和舒适度。只要不是"不要和陌生人说话"那样的极端，基本上每个人都应该尊重另一半。如果另一半表示对我们的某些行为感到不舒服，我们一定要认真对待，并且及时调整。

第三，与异性朋友相处时要注意自己的言行举止。

很多女孩曾经问我："每次看到闺蜜坐在副驾驶上与男友有说有笑，我心里就有一股无名之火。其实，我与闺蜜的关系很不错，而他们也没做什么过分的事。我是不是太小气了？"

我告诉女孩，她不是小气，是闺蜜做事没有分寸，直接坐在副驾驶上，而她的男友也不注意她的感受。遇到两个行事没有分寸的人，她自然是怒火中烧。

由此可见，情侣中的任何一方与异性朋友相处时，行事一定要有分寸、有边界感。例如，女友的闺蜜坐在副驾驶上，男友就要少说话，多顾及女友的感受。

此外，与异性朋友相处时着装要整洁大方。例如，女士不能穿得过于暴露，男士不能穿得太随意，最好不要穿短裤，而要穿长裤。

第四，与异性相处时要学会坚决说"不"。

曾经有女孩问我："我与男友谈了两年恋爱，

可是男友和他的女同事的关系很亲近，而且女同事经常送他礼物。每当我知道他的女同事送他礼物，我就会非常不开心，怎么办呢？"

其实，异性同事之间礼尚往来是非常正常的。不过，如果都谈恋爱了，那就要注意分寸。如果异性同事送自己礼物，不会影响自己和情侣的关系，我们就可以收下；如果礼物很特别或太贵重，我们就要学会拒绝。实在拒绝不了的，我们要将礼物折算成钱还给对方。

第五，保持透明，另一半优先。

我们要让另一半了解自己与异性朋友交往的情况，如见面的时间、地点、内容等，与另一半分享自己与异性朋友的互动，让另一半有参与感，不会感觉被排除在外。同时，在确定优先级时，我们也要优先考虑自己的另一半。

总之，与异性相处不只是要拿捏好分寸，不让自己受到伤害，还要注意另一半的感受。

爱的边界：情侣之间既保持独立，又互相信任

　　海伦与男友谈了一年时间的恋爱。刚认识那段时间，男友每个周末都要与海伦一起过，两人不是去看电影，就是去近郊旅游。有时，男友也到海伦家里，给海伦做各种拿手菜，如鸡蛋红烧肉、油焖大虾、酸菜鱼、宫保鸡丁等。每次男友到海伦家里做拿手菜，海伦都吃得开心极了，觉得自己找了一个宝藏男友。

　　但让她不解的是最近男友似乎很忙，他们已经两个周末没见面了。这个周末，海伦提前问男友有什么打算。他说："我有一个大学同学从外地来了，我们几个同学约好要一起聚会！"

　　海伦问他："你们同学聚会真好！那我呢，你

是不是忘记还有我这个女友了？还有，你不来我家，我都不知道吃什么了！"

　　海伦是想问男友什么时候过来陪自己，又不好意思直接说，于是拿话敲打他。但是，男友却不解风情，直接说了一句："你这么大的人了，又不是小孩子，难道不知道照顾好自己吗？你想吃什么，就让你父母做，或者你自己做，要不就去外面吃。"

　　海伦听男友了话，非常生气，就冲他吼道："我自己照顾自己，还要你这个男友做什么？以后永远不要再见我，我就当作没认识过你！"说完，她就直接将男友的电话、微信等都拉黑了。

　　可是一小时后，她气消了，觉得这样做似乎有些不妥，就来问我怎么办，是不是不应该拉黑他。我说："是的，虽然他说的话你不爱听，但他说的有道理。"

　　海伦听了我的话，更加不解。她问我："为什么你觉得他说的有道理？"

　　其实，我之所以觉得海伦的男友说的话有道

理，是因为他要表达的意思是要女友有独立性。或许有人会问："在恋爱时，情侣之间有必要保持独立性吗？"我的答案当然是肯定的。

因为我们每个人都是独立的个体，所以就要保持各自的独立性。而且，现代社会中，年轻人都有自己的工作，甚至需要经常加班，在恋爱时如果过于依赖对方，时间长了，必然会让对方觉得有压力。反之，如果对方过于依赖你，离不开你，事事要你为他做，你也会感觉很累。因此，在恋爱时，情侣保持自己的独立性是非常重要的，也是非常有必要的。

当然，保持独立性是爱情发展到一定阶段的必然产物。一份成熟的爱情通常会经历共存、反依赖、独立、共生四个发展阶段。

刚开始进入热恋期的小情侣，由于感情正处于发酵期，所以会将注意力都放在对方身上，对对方一日不见，如隔三秋，希望时时刻刻都与对方待在一起。

一旦过了热恋期，两人的感情变得稳定，如果总是待在一起，就会产生矛盾与摩擦。因此，过了热恋期，情侣在爱情上就要有边界感。

我曾接触过这样一对情侣，男孩名叫李家印，女孩名叫胡小凤。家印与小凤谈了三年恋爱。谈恋爱的第一年，两人是一有时间就见面，没时间见面就在微信上聊，例如，吃了什么美食、看了什么笑话等，甚至连自己下班后几点到家都要向对方报备。而见面时，家印将小凤照顾得无微不至：小凤上车，他要为她打开车门；上车后，他还要帮小凤系安全带；去逛街，他手中拎着大包、小包，什么都不让小凤拿。

小凤习惯了家印的照顾。但是，恋爱谈到第二年时，家印却像变了一个人。例如，小凤上车后，他提醒小凤自己系安全带；去逛街时，他只拎重一些的东西，小凤的背包就让她自己背着。于是，小凤觉得很委屈，就问我："男人是不是都这样？把女友骗到手，就不珍惜了！"

我告诉她，不是男友不珍惜她，即使男友像以前那样宠着她，她也应该自己做一些力所能及的、应该做的事情，千万不能因为恋爱就失去了自己应有的独立性。

情侣在恋爱时，如何保持自己的独立性呢？其实，要想保持独立性，就要在爱情上设立边界，或者要明确爱的边界。

第一，保持经济上的独立性。

在恋爱关系中，保持个人经济独立是非常重要的。

首先，年轻人不能因为恋爱就辞掉工作或者不努力工作，而是要更加努力工作、赚钱，为两人的将来做打算。

其次，年轻人在谈恋爱时，要与情侣在钱财上有边界感。例如，情侣可以给对方买礼物或者请对方吃饭，但是自己的钱财要由自己好好保管，不能交给对方保管。

最后，情侣要记得在经济上一定不能太依赖对方，比如总伸手向对方要钱花，或者乱买东西。要知道，在经济上过于依赖对方，或者没有底线与原则，只能给对方造成经济压力，而且会在对方面前失去话语权，造成地位不对等。

第二，要保持思想上的独立。

首先，你与情侣虽然确立了恋爱关系，但是无论关系多么亲密，你们也是独立的个体。明白了这一点，你就能在热恋期后坦然接受情侣的"冷落"，并设法丰富自己的精神生活。

其次，如果情侣的"冷落"让你缺少安全感，不再信任对方，你就要明白安全感不是别人给的，而是自己给的。因此，你要让自己尽快强大起来，在精神上保持独立，同时要信任对方，相信对方对爱情和自己是忠诚的。

最后，情侣要不断提升自己对爱情的认知，要明白最好的恋爱关系是既相互独立，又相互信任，双向奔赴，共同成长。

第三，保持情感上的独立性。

很多人在恋爱后，时刻都离不开自己的情侣。其实，即使恋爱了，你与情侣都是独立的个体，在情感上也要保持独立。例如，要多关注自己的需求，并设法满足自己的需求；要与自己的朋友保持正常的交往，不能因为有了情侣，就远离原来的朋友与社交圈。

第四，要学会好好爱自己。

年轻人在谈恋爱时除了爱情侣，也一定要记得好好爱自己。首先，要努力提升自己，比如要多读书、多学习，不断提升自己的思想与认知。其次，要培养自己的兴趣与爱好，让自己的生活更丰富与充实。最后，要记得锻炼身体，每天都要进行适量的运动，同时要学会控制自己的不良情绪，多接触正能量的人，让自己的心里充满阳光。

空间边界：无论多么爱对方，也要允许对方有私人空间

我的客户方芳发来微信："老师，我好像把男友惹生气了，怎么办呢？哎！"我让方芳说明具体的情况，她就把事情的来龙去脉全告诉了我。

原来，方芳翻看男友张立深的手机，被他发现了。

其实，这样的事已不止发生一次。以前，他都选择视而不见，但这次不想再忍了。因为他再忍，估计方芳会更得寸进尺。于是，他就冲方芳吼道："方芳，你在做什么啊？不是跟你说过很多了吗？不要私自翻看我手机！"

"看你手机怎么了？我是你女朋友，难道看你手机不行吗？"

"那你把你的手机给我看看，行不行？"

"你看我手机做什么？我又没有什么见不得人的秘密！"

"那你的意思是我有见不得人的秘密？我白天上班，晚上下了班就回你这里，偶尔出去跟朋友喝个酒也都带着你，你说我能有什么见不得人的秘密？"

"哼，鬼才知道你有没有秘密！反正，你公司有很多漂亮的女同事。"

"我跟你说过多次了，你要相信我！如果你我之间连起码的信任都没有，我看咱们的恋爱就没必要继续下去了！"

"看看，狐狸尾巴露出来了吧！你要是没有第三者，为什么怕我看你手机？现在好了，要跟我分手是吧？分就分，谁怕谁啊！谁不分手，谁是孙子！"

张立深听方芳这样说，立马收拾自己的行李箱走了。见张立深真的走了，方芳有些不知所措，就来找我帮忙。

很多情侣在恋爱时总是过于关注对方，甚至把时间与精力、心思都放在对方身上。然而，过于关注对方，就容易失去分寸，做一些不应该做的事情，比如总是偷偷摸摸地翻看对方的手机。如果究其原因，很多人会说："那是因为我太爱他，怕失去他。"

其实，有时与其说是怕失去对方，不如说是缺少安全感，或者说是对情侣缺少应有的信任，因此才有了执念，才会想时时刻刻都与对方在一起，分分秒秒地关注着他的动态。而这样做的结果，就可能会侵犯对方的空间边界。

这里的空间，既指物理上的空间，也指精神上的空间。如果情侣相处时没有空间边界感，行事就会没有分寸，容易侵占他人的私人空间。

曾经有一位男孩向我抱怨，说他的女友太霸道了。例如，他认识女友前会经常玩游戏，但是在认识女友后，为了能有更多的时间陪女友，他只能偶尔玩游戏。即使他偶尔玩游戏，女友也会很生气。

他的女友也非常小心眼。有一天晚上因为加

班，公司主管请大家吃烤串，他就跟同事们去了。第二天，他跟女友聊起此事，女友得知头天晚上与他一起吃烤串的人中有一个是女同事，就非常生气，并要求他以后再有女同事在场时不参加饭局！

男孩觉得女友在胡搅蛮缠，无理取闹，就跟她吵了一架。最后，他很委屈地跟我说，"从小到大，父母都没这么严厉地约束我。跟女友在一起，我觉得一点自由也没有了。跟女友谈恋爱，是奔着结婚去的。现在她就将我管得死死的，等结了婚，不是管得更严吗？要不，分手算了！"

我建议他先找女友好好谈一下，让她多给自己一点私人空间，不要在私人空间上越界。

我之所以建议他这样做，是因为女友侵占了他的私人空间，让他感觉到不自由、不舒服。那么，我们在谈恋爱时应该如何做，才能保证自己不侵犯情侣的私人空间呢？最好的方法就是与情侣在私人空间方面建立边界感。

首先，我们要明白，每个人都是独立的个体，情侣在认识自己之前有属于自己的工作与生活，有属于自己的私人空间。因此，在与情侣相处时，我们就要有空间边界感，在自己的私人空间与对方的私人空间之间划出界限。

例如，要明确哪些是自己的私人空间，哪些是对方的私人空间，哪些是双方共同的空间等。凡属于对方的私人空间，不管是物理上的空间，还是精神上的空间，如果对方不允许我们进入，那么我们就不要擅自进入。

很多情侣总是对对方的前段恋情或前任非常感兴趣。其实，如果对方不主动提及，你就不要问。毕竟，每个人都有自己的隐私和小秘密，只要对方没有背叛你，你就不要过问对方的很多隐私，或者背着对方向知情人打探，否则就是在私人空间上越界。

其次，要多给他私人空间。虽然你与情侣是在谈恋爱，但你们也是两个独立的个体，有各自的父母、朋友，有各自的兴趣爱好。因此，你要给对方留下一些私人空间。例如，对方喜欢听音乐，你喜欢追剧，你就可以让对方听喜欢的音乐，而你可以自己追喜欢的剧，并不一定要对方陪你追剧；对方不喜欢讲的事情，你就不要总是追着问，因为每一个人都有自己的小秘密。

最后，要记得结婚前最好不同居。因为同居后，彼此的私人空间都会减少，而且会产生没必要的矛盾。如果情侣一定要同居，就要少约束对方，给对方更多的自主权。

总之，在谈恋爱时，情侣双方一定要在空间上有边界感，允许对方保留一定的私人空间。这不是彼此疏远，而是互相尊重。情侣之间也只有多给对方私人空间，才能让彼此的感情长时间地保鲜。

相互尊重，就可避免被 PUA

莴莴大学毕业后工作没多久，就有同事给她介绍了男友。开始时，男友对她特别好，什么事都听她的。三个月后，两人就确定了恋爱关系。半年后，两人开始同居。

自从同居后，莴莴感觉男友就像变了一个人，对自己一点也不好，甚至百般挑剔、百般打击。例如，莴莴每天下班回来，辛辛苦苦地做好饭，男友没吃两口就"啪"地放下筷子，吼道："你能不能少放些盐？"

莴莴与男友租的房子隔壁住了一对夫妻，莴莴每次见到那对夫妻都会笑着跟他们打招呼，她觉得这是最基本的礼貌。那对夫妻见了莴莴也会跟她打招呼。但是，每次跟他们打招呼后，男友总是说莴茑在向人家搔首弄姿，还对她说："瞧瞧你眼睛这么小，瘦得皮包骨头，这副薄命相……也就是我不嫌弃你！"

最让茑茑感觉不解的是男友的工资明明比自己高，他却一边嫌弃自己挣得少，一边让自己承担家用。例如，房租、水电费让茑茑承担，他的电脑坏了也要茑茑掏钱买。后来，连他父母住院看病的费用都要茑茑支付。茑茑不想支付这笔费用，他就怪茑茑太小气。

茑茑感觉忍无可忍，就有了分手的打算，并问我是不是应该分手。我建议她快点离开这个男友。

按理说，在恋爱期间，男友都会对女友百般照顾与尊重。但是，茑茑的男友却对她表现得不屑一顾，而且在钱财上占她的便宜。显然，她的恋情是不正常的。确切地说，她是被男友 PUA 了。所以，我才建议她快点离开男友。

什么是 PUA 呢？所谓 PUA，简单地说就是男女朋友间的一种精神打压与控制，即一方控制另一方的人格、性格、脾气、钱财。

控制方通过打击或贬低，让被 PUA 的情侣失去自信，不得不依赖他 / 她，从而失去自我，在一段情感关系中低到尘埃里。因此，恋爱中的情侣一旦发现自己可能被 PUA 了，就要么及时从这段不正常的关系中转身离去，要么设法调整这种不平等、不被尊重的恋爱模式。

那么，情侣在相处时如何判断自己是否被 PUA 了呢？

第一，判断你的情侣是否经常贬低你、羞辱你。

如果你的情侣在刚开始谈恋爱时总是讨好你、照顾你，而在确定恋爱关系后却经常对你百般挑剔，不断地贬低你，同时又乐意享受你的付出，比如要你为他洗衣、做饭，那么你就可能被 PUA 了。

第二，判断你的情侣是否有很强的控制欲。

如果他的控制欲很强，什么都想管你，不仅管你的衣着打扮，还要管你的言行举止，一不如意，他就会不开心，甚至冲你吼叫、发脾气。在这种恋爱关系中，你总是小心翼翼，甚至如履薄冰，一点也不快乐，那么，你就有可能被 PUA 了。

第三，判断你的情侣是否以各种名义向你要钱。

其实，情侣之间有金钱往来是非常正常的。但是，在经济上必须有来有往。一味地要求一方付出是不公平的，这样会让另一方处于不平等的地位。因此，如果你的情侣总是向你索要钱财，而不为你付出，那么他就有可能在 PUA 你。

以上是判断 PUA 的三个标准，如果符合以上三个标准，或者你不幸中了其中的一招，那么你就可能被 PUA 了。

或许有人会问，如何避免在恋爱时被 PUA？通常掌握了以下方法，或者建立了以下边界，你就可以避免被 PUA。

第一，在谈恋爱时对自我有边界感。

在谈恋爱时，很多人之所以被 PUA，是因为在用"恋爱脑"谈恋爱。例如，对方说什么，你就信什么，说你长得难看就认为自己难看。这些人之所以如此，是因为对自我没有边界感。因此，如果我们想在恋爱时避免被 PUA，就要在自我上与另一半建立边界。

首先，我们要与情侣沟通，了解彼此的边界。如果对方表达不愿意做某事或不愿意讨论某个话题，我们就应该尊重这些边界，不追问或逼迫。

其次，我们要有清醒的认知，要明白自己与情侣都是独立的个体，双方是平等的。哪怕对方的家庭条件更优越，经济收入比自己高，但是对方也不能凌驾于自己之上。

最后，我们要保持头脑清醒，无论对方怎么打击自己的自信心，自己都要永远记得在父母与朋友眼中的自己是多么优秀。同时，我们要多想自己的优点，这样就能有强大的自我，从而避免一被贬低就对自我失去正确的认知。

第二，在谈恋爱时要与恋人建立边界感。

首先，在情感方面，我们要明白，即使是恋人，也要有正常的情感生活，比如要有独处的时间，或者与自己家人待在一起的时间。

其次，在交际方面，我们要有边界感，一定要有自己的朋友圈，可以定期与自己的朋友小聚，分享最近的生活状况或烦恼。如果对方干涉，我们要学会坚决地说"不"，同时不能因为对方不喜欢自己的朋友，就要远离朋友。

最后，在钱财方面，我们一定要建立边界感。例如，自己的工资与收入由自己管理，对方如果有事需要我们伸手帮忙，我们可以借钱给对方。不过，对方向我们借钱时，我们要让对方打借条。同时，在数额与频次上，我们要做到有底线、有原则，比如超过两次就要拒绝，就要说"不"。

再比如，我们要明确地告诉对方，自己的困难应该是自己想办法解决，而不是找另一半解决。

第三，识别情感操控迹象。

如果不识别情感操控迹象，很难知道有人在 PUA 我们。我们可以从以下几个维度来看。

- ✓ 另一半是否总在试图控制我们的行为、决定和社交圈？

- ✓ 另一半是否经常贬低我们，让我们感到自卑或不自信？

✓ 另一半是否使用威胁、制造内疚感或情感勒索来操控我们？

✓ 另一半是否在情感上忽冷忽热，让我们感到不安全或不稳定？

如果有这样的情况，我们以正常的三观就能判断其中存在情感操控的迹象。

第四，在谈恋爱时要让自己的善良带上锋芒。

曾经有一个女孩告诉我，自从有一次当着朋友的面狠狠地怼了男友，他就再也不敢在朋友面前说自己傻或者笨了。

以前，她男友总是当着朋友的面调侃她，甚至嘲笑她。她心里很生气，可是又不敢发火。后来，她的好友让她不能这么软弱，并建议她要直接攻击对方的缺点或者弱点。

最后，女孩问我："我是不是做得过分了？是不是有些不厚道？是不是不给他面子？"我告诉她，你做得很好！因为在谈恋爱时，很多人之所以被 PUA，就是因为太老实或者太善良而没有底线与原则，总是一再忍让或退却，让对方觉得你软弱可欺。因此，我们要想在恋爱时避免被 PUA，就要给自己善良厚道、温婉可人的性格戴上"盔甲"。

如果发现自己的情侣总是在打击自己的自信心或者想控制自己，对自己失去了应有的尊重，我们就要表现得强势或者泼辣一些，要让对方知道自己可以容忍的边界，并且知难而退。此时，我们千万不要害怕别人说自己不给对方面子，不尊重对方。要知道，尊重是相互的，不是单方面的。

第五，如果有不同建议，不要轻易放弃自己的观点。

每个人都有自己的想法、行事原则与标准，我们不能因为与情侣有感情，就放弃自己的行事原则与标准，甚至因为对方而迷失了自我。

如果对方强行让我们放弃自己的行事原则与标准，我们就要告诉对方自己的原则与标准是什么，并让对方予以尊重。例如，我们喜欢清净，就要告诉对方不要将同事带回家，否则别怪自己生气。

我们在恋爱中会遇到很多事情。如果遇到与双方都有关的事情，我们就需要多沟通、多发表意见。如果意见不同，我们也要尊重对方的意见，听取对方的意见后再做出决策，而不是由一方拍板。这既是对彼此的尊重，也意味着彼此的平等。

总之，我们在谈恋爱时要保持清醒的头脑，要与情侣有边界感。当对方打击自己的自信心时，我们要学会正确认知自我。而当对方想控制自己，提出跨越自己边界的要求，或者不符合自己意愿及价值观的请求时，我们要勇敢地拒绝，坚决地说"不"。只有坚决地说"不"，我们才能让对方了解自己的底线与原则，重拾平等的地位，赢得对方的尊重。

第 3 章

朋友边界:
让朋友关系维持一辈子

距离边界：与朋友的另一半保持距离

好朋友阿聪顶着一双熊猫眼，满嘴酒气地坐在我对面，声音沙哑地对我说："为什么？为什么张鑫要打我？"

阿聪很生气，原本是他先跟佳佳认识的，还是他介绍佳佳和张鑫认识的，相当于两人的媒人。他只是跟佳佳单独吃了一次饭，张鑫就打人！他表示："还有没有王法了？"

我点了啤酒和炸鸡，继续当倾听者，因为对阿聪、张鑫、佳佳的故事比较了解。

阿聪生气地看了我一眼，质问我："凭什么我不能跟佳佳吃饭？"

我假装自己是张鑫，生气地回答："我一直觉得你和佳佳没有保持距离。"

阿聪反问："距离近怎么了？"

我直接来了一句："张鑫是不是说，他和佳佳已经结婚了？"

阿聪一嘴酒气地问我怎么知道的。

其实，我知道他们的关系为什么会走到今天这一步。本来阿聪和佳佳的关系很好，类似异性铁哥们儿。但是，在张鑫和佳佳喜结连理后，问题就出现了。

阿聪跟佳佳还是和以前一样相处，张鑫就不愿意了。从眼神、口角到拳脚，阿聪和张鑫的关系越来越差，甚至张鑫和佳佳的关系也出现了危机。

阿聪经常问我："难道异性之间就没有纯粹的友谊了吗？原本我跟佳佳就是好哥们儿，张鑫凭什么阻止两个好朋友相处呢？大家都是好朋友，为什么张鑫就不能信任我呢？我们该怎么和平相处？还有没有机会和好？"

感情的世界是多姿多彩的。男女之间多数是因为没有边界感，才让关系更加复杂。如果在关系发生变化后，像阿聪跟异性朋友还跟以前一样相处，那么他就伤害了自己的好朋友。

既然关系发生了变化，那么我们一定要重新定义彼此的关系了。阿聪和佳佳是好朋友，但佳佳和张鑫成了夫妻，那么阿聪就应该学会避嫌，与朋友的另一半保持应有的距离。

朋友的另一半代表了朋友的尊严，我们一定要给予足够的尊重，才能在相处中避免误解。此外，我们需要在交往过程中注意以下事项。

第一，明确界限。

我们应时刻注意，避免单独跟朋友的另一半相处，而且互动的频率和沟通的内容一定要适度，既不能过于频繁，也不能过于私密。案例中的阿聪和佳佳明显在这方面做错了。

如果有必要，我们一定要减少与朋友另一半的私人联系。除了必要或紧急的情况，我们应尽量避免主动联系朋友的另一半。

如果朋友的另一半遇到生活或工作上的困难，私下向我们求助，但朋友不知情，并且请求不告诉朋友，虽然出于善意帮助合情合理，但为了避免潜在的误解，我们应该坚持透明的原则，可以礼貌地拒绝私下帮忙，并且建议对方与朋友直接沟通。

如果对方夸奖我们，或者朋友确实没有专业能力，我们也不要因为对方的夸奖而妥协。我们必须明确界限，可以表示愿意帮助，但前提是朋友必须知情。

第二，尊重朋友与其另一半的关系。

尊重朋友与其另一半设定的界限和两个人的习惯。过多地关注他人的私生活是非常引人反感的，尊重他人的隐私是一个基本原则。我们还需要尊重他们的私人空间和时间，不要在他们休息的时间去打扰。最后，按照正常的顺序来说，朋友与其另一半的关系才是最重要的，我们应该尊重和维护。

冰冰的另一半阿伟开始向灿灿倾诉感情问题，一直说冰冰的不是。灿灿很奇怪，阿伟不应该将这种事情跟他哥们儿说吗？为什么跟她说呢？灿灿怎么回答都不好，于是把这个聊天记录发给了冰冰，结果冰冰和阿伟两个人差点打起来。

感情问题非常复杂，遇到这种情况，我们必须保持中立和冷静，既不劝和，也不劝分。例如，我们可以这样表示："这是你们之间的问题，最好的办法是和××（朋友）直接沟通，表达你的感受。"

同时，我们应该避免对朋友做出负面评价，包括不要肯定对方对朋友做出的负面评价，以及不参与负面评价。即使在情绪激动的情况下，我们也应该鼓励对方用更积极的方式解决问题，而不是对朋友产生敌意。如果对方持续抱怨或企图让我们站队，那么我们可以转移话题或结束对话。

第三，不要在微信等社交软件上跟朋友的另一半过多聊天，甚至分享私密内容。

这是在与朋友及其另一半相处时非常忌讳的，我们一定要保持尺度。同样，如果有过沟通，我们应尽量让朋友知道自己和他的另一半有过沟通，以及具体沟通了什么事情。采用这样公开透明的态度，我们与朋友及其另一半相处时才不至于产生不必要的矛盾。

如果朋友的另一半不断邀请我们参加私人活动，如单独吃午餐、看电影等，而朋友有时候并不知情，面对这种情况，我们需要礼貌且坚决地拒绝。例如，我们可以这样表示："谢谢邀请，但我觉得单独外出不太合适。不如我们安排一次集体活动？"

如果朋友的另一半表现出对我们的好感，甚至开始有暧昧举动，比如言辞暗示、赠送个人礼物等，我们应该果断且明确地拒绝，同时一定要避免单独相处。如果对方还继续这样的举动，我们可以果断地从社交网络中将其删除或拉黑以表明态度。

第四，如果朋友对我们与其另一半的互动表达不满，我们就应及时调整自己的行为。

上面的案例中就有这种情况。当张鑫表达不满时，阿聪还觉得委屈，这种心情是比较难以让人理解的。阿聪的正确做法应该是收起委屈，尊重朋友的感受；调整互动方式，减少私下活动，多参与集体活动；保持透明，如必须与佳佳沟通，就应该让张鑫知情。

除了以上情况之外，如果我们无意中知道了朋友的另一半的不忠行为，如通过别人谈话或目睹，甚至朋友的另一半直接告诉我们，但朋友对此一无所知，这时我们一定要慎重。因为我们直接告诉朋友，虽然是好意，但可能就伤害了和朋友的感情；如果我们选择隐瞒，就陷入了道德困境，未来朋友发现我们早知道这一切，可能会导致严重的信任危机。

我们可以与朋友的另一半沟通，鼓励对方向朋友坦白。如果对方不愿意，我们可以表明自己的立场。如果对方继续隐瞒，我们会告知朋友。虽然告知朋友可能会伤害他们的感情，但出于保护朋友的利益，诚实很有必要。

总之，与朋友的另一半保持距离是一门学问，我们一定要处理好，因为这是对我们人品的考验。

需求边界：放下助人情结，尊重他人

张红和媛媛是好姐妹，最近两人却吵得很厉害，媛媛觉得张红不应该帮她。张红想不明白，凭什么帮人还帮出问题了呢？

事情是这样的，最近媛媛在工作上的压力比较大，经常熬夜加班，肤色暗淡，唉声叹气。

张红看在眼里、急在心里，媛媛的身体本来就不好，如果出现一个好歹，她觉得自己应该提供帮助。于是，她主动帮媛媛解决了工作的难点，让媛媛顺利完工。

但是，媛媛却说张红没有经过她的允许，擅自接手她的工作，让她显得无能。虽然工作完成了，但不是按照她的意志进行的，因为她有很多想法和创意都没有体现。这让媛媛非常难受，她觉得张红欺负了自己。

张红狠狠地拍了自己一巴掌，说自己真是活该。

媛媛看到她这样，气得哭了。

朋友之间肯定应该互相帮助，但我们不会没有经过沟通就帮人把事情解决了。张红没有得到媛媛的允许就擅自帮忙，确实是不对的。

帮忙时应把握尺度，注意方式方法，不然会适得其反。

朋友是朋友，我们是我们，大家都是独立的个体，每个人应该面对自己的人生困境。当朋友遇到困难时，我们要相信他有能力解决自己的困难。

其实，归根结底，我们需要理解朋友的需求边界，避免过度干预对方。

第一，我们需要辨别朋友是否真正需要帮助。

当朋友面临困难时，我们不要急于介入，而是先观察朋友有无明确表达需要帮助的意思。如果朋友没有主动提及，但我们又觉得朋友可能需要帮助，那么我们不如直接问朋友是否需要帮助，而不是自己判断并直接采取行动。尊重对方的回答，即使不接受帮助，我们也要理解和尊重。

我们知道朋友正面临经济困难，并主动提出帮助，但他出于自尊或其他原因而拒绝了我们的帮助。这时，我们即使出于好意还想提供帮助，也需要尊重朋友拒绝的权利，不要强迫朋友接受帮助，避免朋友感到尴尬或内疚。但是，我们仍然要把愿意支持、不施压的意思表达清楚。例如，"如果你有需要，随时告诉我，我会尽力帮助，但我会尊重你的决定"。

同样，我们知道朋友忽视了明显的健康问题，拒绝就医或任何检查。对此，我们非常担心，并且希望他采取行动。虽然健康问题非常重要，但我们不能强迫朋友去看医生或进行检查，而是要尊重他自己的意愿，并在他需要时提供帮助。

第二，尊重朋友的选择，即使朋友的选择与我们的建议不同。

在朋友面对问题时，我们提供意见是正常的，但不要强迫朋友接受建议。我们要尊重朋友的自主权，承认朋友可能有不同的解决方法，即使我们认为那不是最优的。如果朋友没有接受我们的建议，我们要避免反复强调或试图说服朋友。

阿强在恋爱中遇到问题，频繁向勇勇倾诉和抱怨。阿强跟女朋友吵架了，但勇勇发现即使给了建议，阿强也没有采纳，还反复陷入相同的问题中。勇勇一直在安慰，不断问为啥不用他的建议，两人因此吵了一架。阿强又把这个事情告诉了自己的女朋友，结果阿强和女朋友一起说勇勇的不是，而且和好了。好吧，勇勇才是外人。

对待朋友，我们可以提供情绪价值，但不能反复给出解决问题的方法。也就是说，我们应尊重朋友解决问题的时间表和方式，不要因为朋友没有立即行动而感到沮丧或急于替朋友做决定。

第三，学会倾听，而不是给解决方案。

很多时候，朋友更需要的是情感支持，而不是具体的解决方案。我们要学会倾听，不要急于给出建议或解决问题。通过倾听，我们可以帮助朋友释放压力，并表达对他的关心，而不是强加解决方案。即使他处于困境中，也不意味着我们要成为"拯救者"。总之，我们要相信朋友有自己解决问题的能力，过度的帮助可能剥夺朋友成长和应对困难的机会。

朋友向我们倾诉自己家里的事情，这时我们一定要倾听，而不是告诉他怎么处理家务事。因为清官难断家务事，我们并不是完美的解决方案大师。而解决家务事也是一个人成长的一部分，没有人可以逃避。

第四，明确界限，避免过度关注。

过度关注朋友的生活，甚至在朋友的每个决定中都要发表意见，可能让朋友感到不适或受控。设定明确的界限，避免频繁地询问朋友的进展或决定。朋友有权保留自己的隐私，我们不能强迫朋友分享所有的细节。如果朋友选择不告诉我们某些事情，我们就要尊重他的选择，不要过度追问。

朋友告诉我们自己家里的关系不太好，我们只需要适当问一句即可，不要没完没了地问个不停。朋友愿意说，那就听他说；不愿意说，我们也不能强迫人家说。

第五，接受朋友的失败与成长。

尊重朋友的成长过程，意味着接受他们会犯错，并理解这些错误是朋友人生的一部分。我们不要试图帮助朋友避免所有挫折，因为这些经历会帮助朋友成长。当朋友在自己的选择遇到失败时，我们不要说"我早就告诉你了"，或者批评他。相反，我们要提供情绪价值，帮助朋友从错误中吸取教训。

第六，不能让帮助成为朋友的负担。

我们在帮助朋友时，要避免期待对方回报或做出相应的回应。真正的帮助是无条件的，而不是为了得到某种回报或认可。如果我们感到帮助变成了朋友的一种负担或压力，就意味着我们可能需要重新审视自己的动机。

同时，我们不能让帮助成为自己的负担。例

如，朋友在情感上一直依赖我们，频繁向我们倾诉问题，甚至每天都需要我们的安慰和支持，导致我们感到疲惫。这时，我们就需要设定情感边界，可以让朋友找别人咨询，如"我非常关心你，但最近我也有一些事情要处理。我建议你考虑找专业的咨询师或其他朋友帮忙"。

朋友经常向我们借钱，但我们开始感到这种行为超出了自己的能力范围，或者担心这会影响自己和朋友的友谊。这时，我们需要设定财务边界，明确表达自己的界限，不再继续提供经济帮助。我们可以解释自己的理由，如"我也比较困难，现在不能继续借钱给你了。但我可以帮你找到其他解决办法，比如银行贷款等"。

显然，朋友之间是有需求边界的。朋友有需求，我们还需要评估与朋友的关系，一定要对自己的能力或能量有清晰的认识，确定自己能出多少力。

隐私边界：不要侵犯朋友的隐私

方芳是一个"自拍控"，这次被她一向尊敬的文哥狠狠地骂了一顿。

原因是头天聚会的时候，她自拍了一张照片，在微信朋友圈发表了几句话。就这么简单的一个动作，恰恰把人得罪惨了。

因为在聚会的时候，文哥喝酒并发了一些牢骚，最后喝醉的样子出现在方芳的照片中，他说的话也被方芳发在了微信朋友圈。

这就像在微信朋友圈丢了一个炸弹一样，大家议论纷纷，最后传到了文哥的耳中。这让他又惊又怕，他让方芳赶紧删除这个内容，最后把方芳骂了一顿。

"谁让你拍我的？"

"你有什么资格拍我？"

"你知道这侵犯了我的肖像权吗？"

"谁让你把我说的话发出去的？"

"你得到我的允许了吗？"

"你知不知道这样特别害人！"

"你是不是故意害人的？你这个害人精！"

文哥的话让方芳汗流浃背，朋友们也纷纷谴责她，好几个朋友都把她拉黑了。方芳想了想："这算什么事情？就这么一点事情，有必要发这么大的火吗？"

显然，方芳还没有回过味来。朋友中最大的界限是隐私边界，当她侵犯了朋友的隐私时，反噬很快就来了。

什么是朋友的隐私呢？它是指朋友不愿意公开的或者希望保密的个人信息、健康状况、家庭情况、工作和学业、感情生活、个人经历及社交关系等。例如，朋友不让人知道他得了一种病，也不希望有人知道他出现了财务困难，如果你知道并告诉其他人，那么你就侵犯了朋友的隐私。

除了朋友告诉我们的隐私，还有朋友不愿意告诉我们的隐私。例如，你发现朋友最近情绪低落，似乎在感情上遇到了问题。你多次尝试开导和询问，但朋友却拒绝谈论相关问题，甚至表现出回避和不愿多说的态度。

既然我们尊重朋友，就不要对朋友一再追问，而是可以告诉朋友："我注意到你的情况了，如果你现在不想说，也没有关系。等你想说了，可以随时找我。"我们最好把这个意思表达出来，不然双方会觉得尴尬。我们尊重朋友不分享的决定，再转移到更加轻松的话题上，这样既能让氛围不尴尬，也可以保持友谊。

在保护朋友的隐私方面，我们应该注意些什么呢？

第一，不要主动询问过多的私人问题。

即使我们对朋友的生活感到好奇，也不要主动询问涉及隐私的问题，尤其是关于感情、健康、家庭、财务等敏感话题。尊重朋友的隐私边界，等朋友主动分享，而不是主动追问。在沟通中，我们要学会观察，判断朋友的意愿。如果朋友在谈论某个话题时不深入谈，那么我们就不要追问细节了。

例如，大家在一起聚会，朋友说起自己家里的关系还行，那么这时我们就没有必要问他家里关系到底如何，而是听听而已。

第二，不要窥视朋友的私人信息。

例如，不要查看朋友的手机或个人物品，除非得到朋友的允许。即使无意中看到不该看的东西，我们也要当作没看见。不要过多关注朋友的朋友圈，甚至过分关注；要尊重朋友在处理不同关系上的隐秘。

第三，不要传播朋友的隐私信息。

我们在与朋友交往的过程中，肯定会知道一些关于朋友的隐私信息。在没有得到允许的情况下，我们不能传播关于朋友的隐私信息，如感情、健康、职业、家庭等，特别是那些朋友再三嘱咐的事情。

兰兰听说小敏与珂珂聊了一天，她对珂珂特别好奇，想知道珂珂的家庭情况，就双眼放光地看着小敏，问小敏和珂珂到底聊了什么。小敏一脸为难地说："兰兰，我答应珂珂要保密的。"兰兰知道小敏的性格比较软，觉得缠住小敏就可以得到自己想知道的信息，就不断用美食诱惑小敏。但是，没想到在兰兰的各种诱惑下，嘴馋的小敏竟然守住了底线。

显然，这是小敏和珂珂的一次友谊大考验，小敏成功通过了。

第四，尊重朋友的情感边界。

朋友的感情生活是私人领域。即使我们出于关心，也要尊重朋友的感情选择，避免对朋友的恋爱、婚姻等问题发表过多意见或做出干预。我们不能因为和朋友的关系亲密，就干涉朋友与他的另一半、家人、朋友的关系。

朱琳琳和林晓晓是从小一起长大的闺蜜，两人都是独生子女，所以有时互相取笑对方是自己异父异母的亲姐妹。琳琳特别看不上晓晓的男朋友，基本每次都是横挑鼻子、竖挑眼。她觉得晓晓的男朋友个子矮、学历低、脾气差，就想拆散他们后再帮晓晓找个更好的，经常让晓晓和男朋友吵架后主动分手。有一次终于让两人分手了，但晓晓为此生病了一年多还没有好。这让琳琳慌了神，后悔了。她想让两人复合，但晓晓的前男友已经出国了。因此，琳琳做了一个决定，不再过多干预闺蜜的事情。

第五，不要随意评论朋友的私人生活。

朋友的生活方式、习惯、选择都是朋友的个人决定，我们不要在背后或当面对朋友的生活进行评论或评判，尤其是涉及家庭、感情、职业等方面。我们评价朋友的家庭好坏，除了过嘴瘾以外，没有任何意义。

总之，在保护朋友隐私的道路上，我们需要做的事还有很多，管住自己的嘴可能是我们一辈子的修行。

观点边界：在观点上求同存异

朋友 A 和 B 在很多方面是对立的，特别是对国际局势的分析上。

A 是红方队，B 是蓝方队。双方从政治、地区、民族、宗教等各个方面进行了综合比对，但都觉得对方的数据有问题。

双方不仅在微信群里你来我往，在聚会时也是唇枪舌剑。有时，我们在旁边都捏了一把汗，生怕这两人打起来。

有一次，他们还真掐起来了。当时两人都喝了酒，脸红脖子粗，直接吵起来，只差人身攻击了。事后，两人就闹掰了。

虽然两人在人前人后都说对方的好话，但从此不再相见。

持有不同立场、观点的人，就做不成朋友了吗？

朋友 A 和 B 显然是认识很多年，都有自己的独立思维。两人因为所谓的立场而损伤了多年的朋友感情，这是一件令人非常难受的事情。

回答前面的问题：持有不同观点、立场的人，就做不成朋友了吗？显然不是。

如果我们跟观点不同的人交朋友，那么我们就会拥有开放和包容的思维，拓宽自己的视野，增强同理心和理解他人的能力，不断自我反思和自我改进。在观点上求同存异，可以让我们走出舒适区，建立多元化的社交网络，促进与不同群体的沟通交流。

我们不能左右朋友的立场或观点，所以求同存异时在观点边界方面要注意什么呢？

第一，尊重彼此的意见，不强迫对方接受。

当朋友的观点与我们的观点不同时，我们不要试图强迫朋友接受自己的看法。每个人都有自己独立的思维和价值观，我们应尊重对方，不要每次争论都想"赢"。如果讨论中观点无法达成一致，就直接停止讨论，到此为止。

第二，设定讨论的界限，不做情绪化的争论。

我们在和朋友发生争论时，不管多么激烈，都不能让自己的情绪泛滥，对朋友进行人身攻击；不能因为某个观点不同，就对人产生偏见。当遇到这种情况时，我们可以尽早主动终止争论，并且表示："我们在这个话题上有不同的观点，但这不影响我们的关系。"

第三，明确分歧的范围，选择适合的话题讨论。

和朋友相处时，我们需要明确哪些话题是大家的分歧所在，就直接将这些话题作为次要讨论内容，将可以达成一致的话题作为主要讨论内容，这样可以达到求同存异的目标。

赵雅和李微是好朋友，两人都有老公和孩子，唯一的差别是婆媳关系。赵雅的婆媳关系很差，李微的婆媳关系很好。每次聊起婆媳关系，赵雅都把婆婆骂得狗血淋头。有时候，李微听不下去了，就让赵雅和婆婆分开住。但是，赵雅的婆婆除了控制欲太强以外，既有钱又勤快，让赵雅舍不得离开。所以，李薇每次都不跟赵雅聊关于婆婆的事情，只要聊起来，就马上转移话题。

第四，不面对对方，容许退出讨论。

在讨论中，如果朋友表现出不愿继续深入讨论的态度，我们应尊重朋友的选择，不要勉强对方。每个人对某些话题的兴趣和承受度不同，我们需要尊重朋友的退出需求。

当一个话题的讨论陷入僵局时，总要有一方按下"暂停键"，不是我们，就是对方。即使情绪激动地想要继续讨论，但对方已经退出了，我们不如深呼一口气，表示同意。

第五，观点是观点，朋友是朋友，不要因为观点不同而改变对朋友的看法。

即使我们在某些方面与朋友存在很大的分歧，但不能全盘否定朋友的人格或价值。我们可以在某些话题上做减法，在其他话题上做加法，专注在加法话题上，这样可以让自己和朋友的关系更加紧密。所以，朋友还是朋友，不能因为观点不同就相处不愉快。

社交边界：朋友的朋友不一定是自己的朋友

　　岳总已经连续几次蹭了徐总的饭局，这次弄得徐总很难堪。徐总小声向我抱怨。

　　他们两人的关系本来非常好，但徐总有很多饭局并不方便带着岳总。

　　比如这次，徐总要请行业内的几个领导吃饭，虽然岳总也是行业内的，但他跟这些领导都说不上话，所以徐总没打算带上他。

　　然而，岳总硬是好说歹说，跟着徐总参加了这个聚会。以前，岳总在饭局上经常抢着说自己的情况，还说话带刺，不把别人放在眼里。本来岳总是蹭资源的，但去了又不把饭局上的人放在眼里，何必呢？幸好没有喝酒闹事，但这样还是得罪了不少人。

听说有些领导表达了不满，主办方更是当着大家伙的面明确提出，下次禁止带局外人。这让原本就好面子的徐总深感脸上无光。

岳总却持无所谓的态度，因为他已经拿到了一些自己觉得能用得上的资源。即使徐总板着脸说了他一顿，他也无所谓。他以为可以跟其中几个人谈合作，但这些人要求徐总也参与进来，这让他灰头土脸的。岳总厚着脸皮让徐总帮忙打招呼，徐总听说后，找了各种理由推脱。

岳总天天缠着徐总，徐总被烦得不行。这样一个没有边界感的朋友，弄得徐总一时不知所措。

朋友是朋友，但社交是社交，哪有强行融入对方社交圈的道理？朋友是朋友，但朋友的朋友就不一定把你当朋友了。岳总这样不知进退、不知醒悟，朋友很可能会越来越少。

有些人让你在社交场合难堪。这种人更可怕，他完全不尊重朋友的行为，不仅会让朋友难堪，还会让所在场合的气氛糟糕。

还有些人对别人的生活过度干涉，如果不介绍，就采用各种道德绑架。这种朋友也是不知道越界为何物的人，或者揣着明白装糊涂。

单身又"社恐"的赢丽希望"社交达人"张贝给自己多介绍一些男性朋友，最好是身高达到一米八五的、有腹肌的大帅哥。张贝看到这个单身朋友说到男性就两眼放光，顿时捂住额头，有种没脸见人的感觉。

之后，张贝给赢丽介绍了好几位优质男士。但是，赢丽都没有看中，反而对张贝那帅气的男朋友有想法。她觉得张贝有更好的资源，却不介绍给自己，说张贝不够朋友。

张贝也想介绍，但她的很多男性朋友听说过赢丽，都表示不愿意接触。因为赢丽不仅平时不主动，而且说这些男性朋友有问题，经常跟这些人吵起来。这不是个例，而是常态。这就让张贝难堪了，哪还有人能介绍给赢丽！可即使张贝把这些告诉了赢丽，赢丽也有各种理由，她对另一半的幻想太多了。赢丽看出张贝不太愿意介绍男性朋友给她，就说了一句"不行的话，你有聚会活动就叫我一下，我自己去看看"。张贝突然想起，聚会时有人要求她不要叫赢丽。张贝应了一声"找机会"，但为了避免被不断追问，她只能慢慢减少与赢丽的来往了。

很多人经常把聚会的照片发到微信朋友圈，引发不少人点赞和羡慕。大家都知道，社交应该是有边界的。朋友经常参加聚会，但你可能很难参与，因为那群人在行业、职业等方面跟你不同，彼此很难有共同的话题，那样待着非常难受。

那么，为了保护友情，我们在社交上应该怎样跟朋友建立边界呢？

第一，尊重朋友的社交圈，不要强行融入。

每个人都有自己的社交圈，朋友不一定必须将我们带入他的所有朋友关系中。尊重朋友的独立交友圈，我们不要强求自己加入朋友的每一个社交活动。

国华经常听好朋友张齐说还有一个朋友圈，那里的人都特别有正能量，就让张齐介绍一下。张齐答应了，并记在心里。几年过去了，国华再三要求，张齐终于约了一个聚会。人到齐了，但大家聊的都是国华陌生的话题。国华初步确定了这些人的能力和人品，想着进一步交往，但这些朋友对他并不是很热情。国华也理解，毕竟是初次见面。然而，后续大家就没有太多沟通，这让他很沮丧。他认为自己做人、做事都比张齐好，怎么这些人都不接纳他呢？显然，社交并不是你强，朋友就多的。

第二，不要限制朋友交新朋友。

我们要尊重朋友有结交新朋友的权利，不要因为朋友与新朋友比较亲近，就醋意大发、嫉妒和不满，试图干涉朋友的新友谊。朋友交了新朋友，但我们和朋友的友谊并没有减少。不仅他可以交新朋友，我们也可以交新朋友，没有谁有权利控制另一方的社交。

第三，不干涉朋友的社交选择，尊重朋友的交友标准。

如果我们不喜欢朋友的某个朋友，也不能随意批评，除非我们的朋友明确需要我们的看法。特别是朋友介绍新朋友给我们认识，但我们和这个新朋友在一些事情上发生了矛盾，对这个人非常反感，甚至断绝来往。此时，我们也不能阻止朋友与新朋友来往，即使这个人做得很差。

第四，不要总是期待被邀请。

如果朋友与其他朋友聚会，没有邀请我们，并不意味我们被排斥。很多聚会的情况各不相同，我们要理解和尊重朋友的个人安排。例如，有一个活动是朋友发起的，但客人是我们讨厌的人，朋友邀请我们过去，反而会让我们不高兴，所以不邀请我们是合理的。

第五，不要在公共场合透露朋友的隐私。

我们在公共场合，不要未经同意就透露朋友的隐私。尊重隐私是友谊长存的关键。朋友越多，我们知道的隐私就越多，保守秘密可能是对我们的一个考验。

第六，尊重朋友的社交节奏。

每个人的社交需求不同，所以节奏也不同。有些人追求安逸，可能喜欢社交，但只是喜欢少数人的社交，而不是多人的社交。有些人喜欢独处，可以社交，但需要有更多自己的时间。例如，每个月只有一次在外面社交，更多时间在家里看书。有些人却从不出去社交，属于大家叫了很多次都不出来的那种"社恐"。

第七，不要在社交场合给朋友施压。

大众场合之下，朋友原本不愿意参与某件事情，但碍于人多，不好意思拒绝，可能在我们的再三请求下就答应了。例如，朋友酒量不好，听说要参加一个大家都需要喝酒的聚会，他肯定会拒绝。如果我们在大众场合下施压，可能会让朋友难堪，毕竟这是逼迫。如果他随意一点，可能就答应了；如果他性格强势，就可能带来伤害。

第八，不要嫉妒朋友的社交圈。

没有比较，就没有伤害。朋友的社交跟我们没有任何关系，我们不要在饭店的大小、参与人的身份、优质异性的人数等方面做比较。每个人的社交圈都不同，适合自己的才是最好的。

总之，社交是与朋友交往的渠道，只有适合的边界才能让友谊长久。

尊重朋友的时间：朋友并不是任何时刻都能提供帮助的

"张文文不是我朋友了！"小侄女双手叉腰，大声地告诉我。

我问："为什么呢？"

"因为我还要跟她一起玩，但她告诉我，她想回去睡觉了。"

我顺着她说："那张文文是真不够朋友呢。"

小侄女开心地问我："叔叔，你也这样认为吗？"

我点了点头。

过了几秒，我反问她："那你准备跟她不好了呗？将来你们双方看到了就当作不认识，那样好不好？"

小侄女想了想，突然难过得哭了："我还是想跟张文文好，可是她不够朋友。"

我反问她："如果你特别困了，有人想让你陪她玩，你去吗？"

小侄女突然睁大了眼睛看着我。

小朋友才不管别人有没有时间呢，她就想有朋友陪着玩。

我们大人也是，我们需要朋友随时可以接我们的电话，陪我们吃饭，陪我们玩耍。

如果碰到推三阻四的朋友，一些人可能会生气，有时候甚至会骂起来。其实不过是朋友刚好没有时间而已。

单身的人都有过经常给固定的朋友打电话的经历，一般在加班后或等车时给朋友打电话，这时有朋友排解孤独真是一种不错的体验。

如果那个朋友没有及时接听我们的电话，那么我们的心情是非常沮丧和愤怒的。等他回电话，我们忍不住会怼几句。

其实，那个朋友在这时可能是故意不接电话，因为过于频繁的联系让他已经感到被打扰了。

打电话的人没有充分考虑朋友的个人时间安排和个人需求，无论两人的关系多么好，也不能过度打扰对方。

小果是一个性格特别执拗的人，她就是喜欢跟闺蜜小美聊天，基本上天天都要聊。两人在不同的大学读本科，相约毕业后一起找工作。可是，最近小美接电话的次数明显变少。小果怀疑小美找了男朋友，打电话的次数却更频繁了。如果小美不接电话，小果就不停地打。这让在图书馆学习的小美不得不将原本已静音的手机直接关机。如此再三，即使小美告诉小果，自己在复习考研也没用，小果还是继续打。最后，两人的关系紧张起来。

这还不算严重的。在生活中，有一种情况是多数人都经历过的：一起约好的聚会，总有人因为各种原因迟到！迟到是对聚会准时到场的朋友的不尊重。如果一场聚会因为你的迟到而拖延，相当于浪费了参加聚会的朋友们的时间。如果聚会人数是 6人，你迟到了 10 分钟，相当于浪费了别人 50 分钟。

如果有人有过度依赖他人的习惯，可能就会成为朋友的负担。同样，在朋友明确有重要事情时，我们还要他帮忙，那必定也会成为朋友的负担。

为了不成为朋友的负担，我们要理解朋友的安排，站在朋友的立场来思考；设置自己的时间边界，也尊重朋友的时间边界。如果遇到突发事情，我们要及时沟通，解释原因，并且寻求朋友的理解。当朋友表达不满时，我们一定要虚心接受并改正自己的行为。

时间的宝贵在于它的来之不易，我们应该怎样尊重朋友的时间呢？

第一，不要频繁打扰朋友。

即使我们和朋友的关系密切，也不要频繁地发信息或打电话，尤其在没有重要事情的情况下。每个人都有自己忙碌的日常生活和工作，频繁打扰可能让对方感到不适。如果朋友没有及时回复消息，我们可以给朋友足够的时间。

第二，提前通知朋友，尽量避免临时通知。

如果我们希望约见朋友，一定要提前通知，不要在最后一刻才邀请。临时通知的做法会让朋友措手不及，尽量给朋友更多的时间选项，方便朋友安排日程。

陈总每次都喜欢在聚会快开始或进行到一半时提溜人。最开始是有人接到电话就过来，但过来一看，自己是最后一个！慢慢地，接电话并赶过来的人越来越少。这种临时通知的做法还是让朋友非常难受的。

第三，尊重朋友的个人时间。

我们不能强求朋友的陪伴，因为每个人都需要有自己的时间。朋友都明确拒绝了，何必强人所难呢？我们也不用表现得失望，尊重他人做出拒绝的决定，不要试图让他们改变主意。

第四，尊重朋友的休息和工作时间。

我们不要在朋友忙的时候去打扰，也不要在朋友休息的时候去打扰。如果我们的事情并不紧急和重要，那么可以在朋友空闲时联系。我们不能认为自己有空，朋友就一定也有空。如果不知道朋友在什么时间忙或休息，我们可以发信息问一问。

第五，不要占用朋友太多的时间。

有些朋友不喜欢人多的聚会。例如，一场 20 人的聚会是把大家聚齐了，但这种社交基本只是打一个照面，每人说几句话，时间就很长了。我们应该确定活动的时长，并提前告知朋友，以免占用朋友太多的时间。当然，我们也可以控制聚会的进度，提前结束或按时结束。

第六，尊重朋友的临时变动。

朋友可能因为临时情况需要更改计划或取消活动，我们在这种情况下要表现出理解和宽容，而不是因为自己的期待落空就责怪朋友。如果朋友需要取消或更改见面的时间，我们应该表现出体谅，并表示可以下次再安排。例如，我们可以这样说："我完全理解，事情难以预料，我们改天再见。"

第 4 章

亲子边界：
没有边界的爱
养不出幸福的孩子

角色边界：他是你的孩子，但他首先是独立的个体

有一天中午，我吃完饭，正想午休，却发现有人发来微信："老师好，我是一位妈妈，我的儿子今年参加高考，考了 600 多分，成绩不错。可是，我却很烦！"

孩子考试成绩不理想，父母才会烦恼。既然孩子考试成绩这么好，父母有什么可烦的呢？

这位妈妈说："我想让儿子留在省内上大学，可是他喜欢的大学却在北京。按他现在考的分数，他被北京那所大学录取的可能性比较大。如果他真的被北京那所大学录取了，他自己也想去北京读大学，我到底要不要妥协呢？但是，我想让他读浙江的大学……"

孩子上大学是他自己的事情，妈妈却要把自己的意愿强加到孩子身上。由此可见，这位妈妈在亲子关系上的边界感太差了。我反问这位妈妈："孩子上大学是你的事情，还是他的事情呢？"

妈妈马上回复我："当然是孩子的事情！但孩子是我生、我养的啊！难道他上什么大学，我不能帮他拿主意吗？"

很多父母在工作和生活中做事很有分寸，边界感很强，但在涉及孩子的事情上则总是一点分寸都没有，甚至不断地越界。例如，小到孩子吃什么、喝什么，大到孩子上什么小学、中学、大学，以及从事什么样的工作、找什么样的情侣，有些父母都想让孩子听命于自己。

一旦孩子有自己的想法，或者想按自己的意愿去做，有些父母就会抱怨，甚至发脾气。这些父母为什么会如此蛮不讲理呢？究其原因，是因为他们没有将孩子视作独立的个体。

曾经有一个孩子向我诉苦，说妈妈对他的要求太严了。例如，妈妈规定他每天放学后必须在一小时内到家，如果晚几分钟，妈妈就会给班主任打电话；每天放学回家后必须先写语文作业，然后写数学作业，如果不按妈妈规定的顺序写，妈妈就会责怪他一点也不听话。

最可笑的是，妈妈还规定他在学校不准跟成绩差的同学交朋友，只能跟成绩好的同学交朋友。最近，邻居的孩子来找他玩，可是妈妈却一个劲地问这个孩子家里的事情。得知邻居的孩子生活在单亲家庭，不爱学习，成绩一般，妈妈就马上禁止他与这个孩子来往。

孩子委屈地说："老师，我妈妈太霸道了，我一点自主权都没有，一点自由都没有，我想离家出走！"

我不知道该如何安慰这个孩子，但我知道孩子的妈妈是在控制他。而妈妈之所以控制孩子，是因为没有把孩子当作独立的个体，而是当作附属品。

孩子真的是父母的附属品吗？在这个世界上，我们每个人都是独立的个体，孩子同样如此。因此，父母一定要对自己的角色有正确的认知。

在家庭中，父母如何做才能扮演好自己应该扮演的角色呢?

第一，将孩子视作独立的个体并尊重他。

作为父母，我们要经常提醒自己，孩子是一个独立的人，他从一出生就是与我们一样平等的个体，长大成人后更是如此。他有按自己意愿生活的权利，也有自主生活的权利。因此，我们无权命令他去做什么。如果孩子与我们沟通，我们不仅要认真倾听孩子说话，还要蹲下来，眼睛平视着孩子，和他们说话，以此表达对他人格的尊重。

第二，要在责任和义务上与孩子划界限。

作为父母，我们一定要明白自己是孩子的教养者，不是孩子的保姆。因此，在照顾孩子时，我们一定要注意以下三点。

首先，我们要分清责任与义务，要知道哪些事情是自己应该负责做的，哪些是孩子应该做的。

其次，我们不要插手应该由孩子做的事情，更不要包办，而是要学会放手。哪怕孩子做得不好，或者做起来有困难，我们也要让他自己动手；否则，就会影响孩子培养自理能力与抗挫能力。例如，孩子一开始自己穿鞋时不会系鞋带，我们要教他方法。

最后，放手不是不管教，当孩子遇到困难、向我们求助时，我们要帮助孩子，而不是让孩子独自面对困难。例如，孩子写作业时遇到了不会解答的问题，我们不能帮他写作业，但是我们要和他一起分析解题思路与方法。

第三，尊重孩子的想法与意愿。

孩子是独立的个体，随着年龄的增长，他会不断成长，并且能独立思考，有他自己的想法与意愿。例如，他会喜欢穿白色衣服，而不是我们喜欢的红色衣服；他会与某个孩子成为朋友，而不是如我们所想，天天宅在家里读书。对于孩子的想法，我们或许不理解，但要给予尊重，具体可以按照以下方法做。

首先，与孩子相处时，如果孩子说有事情找我们谈，我们要放下手上的事情，专注于倾听孩子说话并不断地回应他，这样就可以引导他说出内心的想法与意愿。

其次，当孩子的想法与意愿和我们的想法与意愿有冲突时，只要不是原则性的问题，我们要认同、接纳孩子的想法，并允许孩子按他的想法行事，尽量满足他的合理需求。

最后，我们不要强制孩子听命于自己，更不能因为孩子没有听命于自己就打骂孩子，而是要多给孩子自由与自主行事的权利。

第四，尊重孩子的人格。

有些父母在与孩子相处时是肆无忌惮的，甚至总是当着他人的面批评孩子，一点也不给孩子留情面。其实，所有孩子都是独立的个体，都有独立的人格与强烈的自尊心。如果父母行事不顾及孩子的面子与独立的人格，就会伤害他的自尊心。所以，即使孩子犯了错误，我们也要尽量控制自己的情绪，不要当着他人的面批评孩子。

同时，我们还要注意，不要高兴时就对孩子很好，不高兴时就看孩子不顺眼，甚至打骂孩子，把孩子当出气筒。总之，作为父母，我们要时刻提醒自己：孩子是与我们成年人一样的独立个体，我们在与孩子相处时一定要有分寸和边界感，要平等地对待孩子。换句话说，就是我们要充分尊重、理解孩子，而不是动不动就用自己的辈分特权压制孩子。这样，我们的孩子才能有健全的人格，才能更加阳光自信。

空间边界：想进入孩子的房间要先征得他同意

有一天晚上，我要休息了，发现有一位妈妈给我发来微信："老师，今天我女儿晓晓在写作业，我像以前一样给她送水果，可是进她房间时忘了敲门。女儿就板着脸，语气不友好地教训我：'你怎么记性这样差？不是告诉你多次了，进我的房间要敲门，为什么你又不敲门就直接进来？你是不是故意的？是不是想看我是在写作业还是在玩？'"

接着，这位妈妈又发来一条微信："老师，这个家是我的，女儿也是我的，她却要求我进她的房间必须敲门，我觉得非常可笑！哎，现在的孩子啊，怎么这么多毛病？她已经好几天不给我好脸色了，我要是不依着她，估计她还会一直跟我冷战。

我倒是不怕她跟我冷战，只是她快要期中考试了，我担心她因心情不好影响考试。我应该怎么办？权宜之计，是不是暂时依着她？"

我建议她一定要将这个"暂时"去掉，无论何时，如果想进入女儿的房间，一定要先征求女儿的意见，要在女儿同意的情况下才可以进入。

妈妈无奈地说："好吧。虽然不理解女儿为什么这么矫情，但我还是听老师的。这真是女大不由娘啊！"

或许很多父母对此非常不解："为什么我要养成先征得孩子同意才能进他房间的习惯？房子可是我的！"

说实话，房子确实是父母的。但是，父母既然允许孩子住在这所房子中的某一个房间，那么孩子住的房间就是他的私人空间。如果你想进入，就要提前征求他的意见。他同意了，你就可以进入他的房间；他不同意，你就不要进入。这既是对孩子人格及其私人空间的尊重，也是父母应该具有的分寸和空间边界感。而且，尊重孩子的私人空间是培养他们独立性和自尊心的重要一环。可惜的是很多父母意识不到这一点，结果就让孩子非常反感，甚至激发孩子的反抗行为。

孩子通常是怎样反抗的呢？

虹虹上初中了，也有自己的房间。每天放学回家后，她就会钻进自己的房间，不是写作业，就是跟同学聊天。

有一天，虹虹正在房间里跟同学聊天，妈妈不敲门就进去了，说是给她送杯水。送完水，妈妈就出去了。不一会儿，她又进来了，说是给虹虹拿个面包。见虹虹还在聊天，她就凑过来。虹虹突然明白了妈妈的"良苦用心"，便大声质问道："你来给我送吃的，是借机想看我还在不在跟同学聊天吧！看清了吗？看够了吗？现在可以出去了吗？"

被戳穿小心思的妈妈赶紧逃离了孩子的房间。她刚出房间，就听见孩子反锁房门的声音。

后来，虹虹妈妈问我："孩子为什么反锁房

门呢？"

其实，虹虹之所以反锁房门，是因为妈妈没有空间边界感，不尊重她的私人空间，让她在心理上感觉受到了侵害。由此可见，父母没有空间边界感，直接进入孩子的房间，会让孩子产生心理不适，甚至反感。

此外，如果父母没有边界感，孩子也会有样学样。例如，他在家时会随意进入父母或其他家庭成员的房间。因此，没有边界感的父母一定要改变自己，学会尊重孩子的私人空间。

作为父母，我们如何做才能尊重孩子的私人空间呢？

第一，对孩子的房间要有正确的认知。

孩子是独立的个体，他的房间属于他的私人空间。在这个房间内，孩子有相对的自由，可以做一些比较私密的事情。例如，他可以在学习之余与同学上网聊天，或者打游戏；他也可以写日记，把不想对父母、老师说的心里话写在日记里。因此，父母不能随意进入孩子的房间。

如果父母想进入孩子的私人空间，一定要先征得他同意。作为父母，我们一定要明白这一点。

第二，想进入孩子的房间必须先敲门。

曾经有人问："我家孩子性格大大咧咧的，他的房门也没有上锁，我进入他的房间还要跟他打招呼吗？"当然要打招呼。因为孩子即使不反感你随意进入他的房间，但是你不打招呼进入他的房间会影响他正在做的事情。例如，在他写作业时，你总是进进出出，就会干扰他的注意力。所以，父母想进入孩子的房间，必须征得他同意。

例如，我们要先轻轻地敲门；如果孩子没有马上回应，我们要等 10 秒钟；10 秒钟后，我们要再稍大声地敲门。如果孩子不同意我们进入他的房间，我们不要因此发脾气，甚至强迫孩子开门，否则就是不尊重孩子与他的私人空间。

如果进入孩子房间的目的是有重要的事情要处理，比如要拿某件重要的物品，我们可以温和地跟孩子说明原因，让孩子开门把我们需要的物品递出来。

第三，不可随意翻动孩子房间的物品。

曾经有一位妈妈向我抱怨："我家孩子的房间乱得像狗窝，衣服扔得满地都是，进去后无处立足。我想帮他整理一下房间，他却大声地向我吼叫：'你别乱动我的东西！'我应该怎么办呢？"

我们要明白孩子有自己想要的生活，有时我们的初衷是想给他帮忙，结果却是费力不讨好。因此，孩子的房间应让孩子自己做主。

如果感觉孩子的房间太乱了，我们就要建议孩子制订定期整理房间的计划，养成定期整理房间的习惯。如果孩子没有时间，需要我们帮忙整理，那么我们可以帮忙整理，而且要事先告知孩子把重要的物品收藏起来。

父母在进入孩子的房间后，如果发现孩子没有将涉及隐私的个人用品（如日记本、学习用品等）收藏好，也不要乱动。如果孩子同意父母翻看他的日记本、学习用品等，父母一定要注意为孩子保密。

第四，允许孩子独自生活实践。

父母要允许孩子在自己的房间独立、自由活动，不能时刻看着孩子；要尊重孩子的休息时间，不要在他们独处时强迫他们做事情。

总之，在家庭中，每个人都有自己的房间或私人空间，父母不要随意进入孩子的房间或空间，而是要在孩子同意的情况下才进入。只有父母做到不侵犯孩子的房间或空间，只有父母有空间边界感，孩子的私人空间才会受到尊重，而且孩子才会尊重他人的私人空间。

情感边界：无论关系多么亲密，也不能太依赖孩子

丽丽被本市的一所重点高中录取。按理说，丽丽要上高中了，妈妈应该高兴才是。但因为一件事，妈妈与丽丽闹得很不愉快。这件事就是丽丽想住校，而妈妈却想让她走读。

丽丽想住校的理由是高中离家有些远，来回不方便；而且高中白天学习的功课比初中多得多，晚上还需要上晚自习，作业量也大。

妈妈也有不让丽丽住校的理由："你不会洗衣服，衣服脏了，怎么办？你吃饭比较挑食，万一学校食堂做的饭，你都不爱吃，怎么办？"

见母女俩冷战了好几天，关系剑拔弩张，爸爸就想从中调和一下，于是试探着问丽丽妈妈："要

不，还是让女儿住校吧。她一放假，我就去接她回来。"

丽丽妈妈："不行！她由我一手带大，离开我，我怎么能放心啊？"

爸爸又问女儿："丽丽，要不咱还是走读吧，省得妈妈为你担心！"

女儿一听爸爸的话，指着自己问爸爸："爸爸，你看我的个子比我妈妈高多了，我长大了，不是小孩了，她有什么可担心的啊？我不会洗衣服，我可以学啊！至于学校食堂的饭，同学能吃，我就能吃……哼，妈妈不放心我？我看是她离不开我，是她没长大啊！"

女儿的话虽然不好听，却让爸爸醍醐灌顶。他有些不敢相信这个事实，就来问我："丽丽妈妈是真的像丽丽说的，离不开女儿了吗？"

很多孩子在小时候是离不开父母的。例如，女儿离不开妈妈，一旦看不到妈妈就会哭闹。长大后，孩子发现自己能够离开父母了，可是有些父母

却发现自己离不开孩子。例如，孩子要离家上大
学、去工作，甚至结婚，对于有些父母来说，都是
让人非常痛苦的事情。而这种痛苦有时表现为分离
焦虑，丽丽的妈妈就是如此。

为什么有些父母会像丽丽妈妈一样，一想到孩
子要离开就会产生分离焦虑呢？究其原因，是他们
在情感上没有与孩子建立应有的边界感，所以非常
依赖孩子。

人与人相处的时间长了，必然会产生感情。父
母在照顾与养育孩子十几年的过程中，与孩子的关
系会越来越亲密，感情越来越深厚，从而形成了彼
此依赖的情感关系。

不过，父母要明白的是终有一天，孩子会与自
己渐行渐远。因此，父母与孩子在情感上一定要有
边界，否则父母就会产生情感焦虑。这种情感焦虑
甚至会反噬孩子，影响孩子的人生。

曾经有一个女孩告诉我，她从大学毕业到 30
岁，一共谈了 3 个男朋友，但是都被父母搅黄了。
或者说，父母始终不同意她与这些男孩恋爱。而不

同意的原因都是一些鸡毛蒜皮的小事情。例如，男孩吃饭时不小心掉饭粒了，父母就嫌人家吃相不好；男孩穿运动鞋见女孩父母，父母就嫌人家太不体面。对于最后一个男孩，父母嫌人家离自己家太远。其实，这个男孩的家离女孩的家只有 30 公里。

我问女孩的父母："你们到底是怎么想的？为什么总是对女儿的男朋友这样挑三拣四？是不是不想女儿嫁出去？"

听我这样问他们，女孩的爸爸什么也没说，而妈妈反问我："如果你就一个女儿，你舍得她嫁出去？"

女孩妈妈的话让我终于明白，父母搅黄女儿的婚姻，是因为他们在情感上离不开女儿，舍不得她外嫁。然而，他们不明白自己在情感上不独立会害了孩子。因此，像这样的父母必须与孩子建立边界感，他们要明白终有一天，孩子会离开自己，越走越远。

那么，父母如何与孩子相处，才能在情感上建立边界感呢？

所谓情感上的边界，并非刻意远离亲人，而是要保持适当的距离，给予彼此相对自由的空间与时间，对于彼此想做的事情给予理解与尊重。如果对方需要，自己尽量满足他的需求。

第一，了解孩子的情感需求，也要明确自己的角色。

在孩子小的时候，特别是 3 岁之前，父母与孩子基本要朝夕相处。全职妈妈与孩子整天都在一起，可谓亲密无间。这时，妈妈必须整天围着孩子转，看到的、考虑的都是孩子的需求，很少考虑自己的需求。例如，孩子哭了、不开心了，妈妈就去抱抱他、哄哄他，让他在情感上获得安慰与满足。

等孩子上了幼儿园，父母就有属于自己的时间与空间了。此时，父母一定要会觉察、了解自己的情感需求。例如，妈妈要了解自己是否需要与大学时关系较好的老同学聚一下，是否要回自己的娘家看望父母，是否要给自己独处的空间与时间，等等。

父母还需要明确自己的角色，尊重孩子的独立性，不要把成年人的情感负担转嫁给孩子。例如，在家庭不幸福时，不要将对另一半的感情全部转移到孩子的身上。

第二，先满足自己的需求，再满足孩子的需求。

情感独立的人既能关注自我需求，又能满足自我需求。换言之，他能真正地取悦自己。因此，作为父母，我们一定要关注自我需求，学会控制自己的情感和情绪，不要把孩子当作自身情绪的出气筒。

例如，我们在情绪低落时可以做一些让自己开心的事情，如钓鱼或冥想；我们与朋友聊聊天，不能见面就在微信中分享自己的压力或烦恼。等自己开心了，情绪稳定了，我们再去陪孩子，满足他的情感需求。总之，父母要学会通过健康的方式表达自己的情感需求，可以与伴侣或朋友沟通，而不是依赖孩子来满足这些需求。

第三，在情感上，父母要做好与孩子分离的准备。

父母在孩子面前所扮演的角色是教养者、陪伴者，而不是孩子的命运共同体。因此，父母在情感上一定要及早做好与孩子分离的准备，学会独立。

首先，随着孩子的年龄不断增长，情感不断独立，父母要给自己多一些独处的空间或时间。例如，从每周要跟孩子分房睡，或者挤出一两天的时间做一些能让自己高兴的事情，到一直与孩子分房睡，让孩子做自己喜欢做的事情，自己则做自己喜欢做的事情，如自己一个人看书、看电影或逛街。

父母要支持孩子独立探索，发展自己的兴趣和爱好，尊重他的个人空间和隐私；在孩子成长的过程中逐渐放手，让他承担更多的责任，以此培养他的独立性。只有保持自我独处，在空间和时间上与孩子保持距离，当有一天孩子不在你身边陪着你时，你才不会感到寂寞。

其次，父母要想情感独立，就要培养自己的业余爱好与兴趣，避免与孩子分离后感觉空虚无聊。例如，养一些花，或者学习下棋。当有一天孩子离开你去做他喜欢的事情时，你也可以有自己喜欢的事情做，那么，你就有自己的情感寄托了。

最后，父母要学会跟孩子说"不"。孩子与你都是独立的个体，情感独立是你们的必修课。如果孩子上初中了，在情感上还离不开你，比如，在学校一旦有不开心的事情就回来向你抱怨，甚至发脾气、哭闹，那么他发脾气时你不要急于安慰他，而是鼓励他找同学、朋友分享自己的喜怒哀乐，从同学、朋友那里获得安慰，或者找到解决烦恼的方法。

总之，父母要有自己的情感边界，不仅可以让孩子独立，还可以自己生活得游刃有余。

关爱边界：爱孩子就不能以爱的名义控制他

一天傍晚，超超妈妈去学校接超超。原本她很开心的，可是一见超超与同学站在一起，而且每人手中拿着一杯奶茶，她立马有些生气了，并且质问道："怎么想起买奶茶了？"

超超看了看自己旁边的同学，张口要说什么。可是还没张口说，妈妈就开始数落他："不是跟你说过这是垃圾饮料，喝了不健康吗？你这孩子怎么这么不听话？"

见妈妈当着同学的面不停地数落自己，超超急了："妈妈，你讲点道理行吗？奶茶不是我买的！"

一听超超不承认错误，妈妈更生气了："奶茶不是你买的？难道奶茶自己长翅膀飞到你手中？超超，你真是长本事了，不听妈妈的话也就算了，还学会了撒谎都不脸红！"

见超超母子俩因为一杯奶茶闹成这样，旁边的同学急忙解释道："阿姨，奶茶是我买给超超的，真不是超超自己买的。因为我值日时，他帮我扫地了。您别生气了！"

虽然超超妈妈知道事情的真相后很快平静下来，但超超却气不过。回家后，他一直跟妈妈冷战。

超超妈妈不解地说："我不就是说了他几句吗？至于生这么大的气？更何况，我不让他喝奶茶，还不是为他的健康着想？"

见超超妈妈如此理直气壮，一点也没有意识到自己的错误，我就问他："你是关心孩子，还是想控制孩子？"

在生活中，我们经常听到父母抱怨："我这样做，是因为太爱孩子了！他为什么跟我发脾气呢？我这样做，还不是为了他好！他为什么不领情呢？"

太爱孩子的父母肯定给了孩子很多爱，为了孩子活着的父母肯定也为孩子付出了所有的心血。例如，他们为了多赚钱，经常加班且省吃俭用，自己舍不得吃喝，却让孩子住最好的房子、上最好的学校。他们以为给了孩子最好的，但是他们做的一切却得不到孩子的认可，讨不到孩子的欢心，甚至有些孩子觉得自己父母太多事。这是为什么呢？

很多时候，父母以为给孩子越多的爱越好。但真正的爱并不是越多越好，而是适可而止。因此，父母无论多么爱孩子，也要注意分寸。

第一，要明白爱不是情感操控，一定不要情感操控孩子。

父母对孩子的情感操控是指通过操控孩子的情感反应来影响孩子的行为和决定，而不是通过合理的沟通和教育。

有些父母会用所谓的爱压迫孩子顺从，导致孩子产生内疚和不安。例如，父母对孩子说："如果你不听话，我就不喜欢你了！"是不是有点熟悉？很多父母都用过这种方式，主要是受老一辈的影响。

有些父母通过羞辱和贬低来获得孩子的顺从。例如，父母在公共场所对孩子说："你怎么这么笨？连这个都做不好！"一般孩子听到后会很难受。如果孩子大吵大闹，父母则变本加厉。这种父母应该也是在自己小时候或现实中有过同样的遭遇，他们需要直面自己的内心，调整自己的心理状态，面对孩子时可能就会有所改变。

有些父母会制造孩子的愧疚感。例如，父母对孩子说："我为了你天天上班，放弃了这，放弃了那。放弃了这么多，你为什么不能帮我做这件事情呢？"这会让孩子产生心理愧疚，哪怕心里不情愿也要满足父母的需求。

有些父母经常用威胁手段恐吓孩子。例如，父母对孩子说："如果你不听话，爸妈就会离开你！"孩子听到后会害怕，甚至恐惧。如果父母经常用这种方式，孩子可能很没有安全感，有时还会做噩梦。

有些父母过度依赖孩子。例如，父母对孩子说："你是我的唯一！如果没有你，我活不下去！"这会让孩子的压力很大，不得不为顾及父母的情绪而小心翼翼。

有些父母用肯定和否定来操控孩子。如果孩子表现出色，这些父母就给予关爱和温暖；如果孩子没有表现好，那就表现出冷漠和无情。这只会让孩子觉得自己的作用是表现，而不是自己本身。这样的做法连成年人都感到难受，更何况未成年人呢！

有些父母强迫孩子迎合自己，做他不愿意做的事情，以这是为孩子将来好的理由，让孩子没有选择权。这种方式基本算得上精神打压了。

还有些父母会控制情感表达。例如，孩子真在哭，父母为了要求孩子有好的表现，就说一句"男孩子不应该哭，男子汉不会哭"。这样阻止孩子的正常情感表达，容易导致孩子的情感压抑。

第二，要爱得有分寸、有边界感。

现代社会网络比较发达，孩子接触的信息量比较大，在思想上成熟得比较早，自我意识与独立意识更强。所以，他们希望有更多的自主权与自由。如果父母处处干预孩子的生活与工作，孩子自然就会与父母对抗。因此，父母要想与孩子有更好的亲密关系，就要给孩子更多的自主权与自由；不要过多干涉孩子，让爱有更多的边界感。

在关爱孩子时，父母如何做，才能建立适合的边界感呢？

第一，要明确关爱的范围。

父母是孩子的教养者，不是保姆。关于孩子的事情，父母不能眉毛胡子一把抓，而是要侧重于孩子的能力与人格培养。因此，在与孩子相处时，父母一定要明确以下事宜。

首先，父母要明确哪些事情应该帮孩子完成，哪些事情要由自己与孩子共同完成，哪些事情要由孩子独立完成并完全负责。

其次，父母要明确自己需要过问哪些事情，不需要过度关心哪些事情。例如，多关心孩子在学习上是否遇到了困难，而不是总盯着孩子的学习成绩；要让孩子感受到父母无条件的关爱，感受到自己是被包容、被接纳的；要多关注孩子的优点，而不是总关注孩子的缺点。

最后，父母要知道，自己永远是孩子的后盾。当孩子遇到困难时，父母要明白自己对哪些困难可以提供支持与建议，哪些困难要由孩子自己想法解决。

第二，要明确关爱的程度。

随着年龄的增长，孩子的能力会不断提高，他能自我满足的需求也越来越多。因此，父母关爱孩子时，一定要根据孩子的年龄不断调整关爱的程度。

例如，当孩子在 0 ～ 3 岁时，父母要无微不至地照顾孩子。等孩子过了 3 岁，父母就应该让他做一些力所能及的事。例如，让他自己整理玩具或小书包，等等。孩子整理得慢、整理得不好，父母都不要着急，而要相信孩子有自我成长的能力。

第三，要调整关爱的方式。

虽然父母关爱孩子天经地义，但要讲究方式，用孩子能接受的方法，而不是用蛮力。例如，孩子的生活习惯差，父母不要对孩子大吼大叫，而是要给他制定规则。

我曾经接触过这样的父母，他们允许孩子在周末时玩手机，但又担心孩子玩得太晚。于是，周末时，父母会再三叮嘱孩子早点睡觉。孩子表面上答应了父母，但实际上每天晚上都玩得很晚。最后，父母实在没办法了，就来问我怎么办，要不要在孩子的房间装监控器。

我不支持他们的这种想法。因为孩子上初中了，需要有私人空间。给孩子的房间装监控器，等于侵犯孩子的私人空间。

我建议他们与孩子商量制定使用手机的规则。例如，每天晚上玩1小时的手机，之后将手机交给父母。规则执行得好，有奖励；否则就要进行处罚。父母接受了我的建议，回家后不断与孩子沟通，让孩子明白制定手机使用规则的重要性。最终，孩子同意父母的做法，并与父母一起制定了规则。慢慢地，孩子就能很好地控制自己玩手机的时间了。

当然，父母爱孩子的方式不是一成不变的，而是要随着孩子年龄的增长不断调整。例如，对于未成年的孩子，父母可以用提供物质的方式来体现爱；而孩子成年后，父母要有意识培养孩子的赚钱能力，以此体现自己的爱。

任何爱都要有底线，父母爱孩子同样如此。无论父母多么爱孩子，都要注意适度。要知道，关爱孩子不是事事都要关心、样样都要插手，而是要有边界。一旦过了爱的边界，触碰了爱的底线，父母给孩子的就是伤害。因此，对于孩子，父母要学会心态平和、适度地关爱，适当地放手。

父母需要反思自己的行为和思想，理解并尊重孩子，不要试图操控孩子；通过正面沟通表达期待和需求，而不是情感勒索；鼓励正向反馈，认可孩子的努力和成就，而不是批评或惩罚；支持孩子的感受，而不是贬低或忽视他们的情感体验；在家庭决策中让孩子参与讨论，尊重他们的意见，而不是单方面做决定；需要理性分析，而不是情绪化和情感操控。总之，父母要言行一致，戒掉情感操控的习惯。

兴趣边界：将自己的爱好强加于孩子身上就是越界

有一个周六，我的工作室来了一位西装革履、打扮非常得体的男士。他进门就自我介绍："老师好，我是六六爸爸，昨天跟您约好了。"

"嗯，那六六呢？"

见我问六六，爸爸用手一指："在那里呢！"

我一看，六六正趴在窗户上看外面广场上的篮球比赛。听到爸爸叫他过来，他就过来了，脸上依然带着兴奋。于是，我问他："你是不是特别喜欢打篮球？"

"是啊！学校篮球队的教练说我有天赋！"

"嗯，那你喜欢弹钢琴吗？"

六六看向我，又看向他爸爸。见他有些犹豫，我鼓励他："不喜欢就大胆说出来。在这里，你爸要是敢骂你，我就帮你骂他！"

六六马上说："我不喜欢弹钢琴。我想参加学校的篮球队，打篮球。"然后，他又问我："我能不能再去看一会儿篮球赛？"

我说："必须行啊！"

六六非常开心地走了。六六一走，六六爸爸就对我叹息道："我也不想让儿子学钢琴！可是，他妈妈一定要他学，还说什么她小时候想弹钢琴，家里没钱，交不起学费，现在我们经济条件好了，自然要让儿子学！但自从给儿子报了钢琴兴趣班，他就有了爱咬手指的坏习惯！让他不要咬手指，就是改不掉，这可怎么办呢？"

其实，方法很简单，即儿子不喜欢弹钢琴就不要让他学，想参加学校篮球队就让他参加。还好，这位爸爸是真心疼儿子，不仅听了我的建议，还回去就做儿子妈妈的工作，最后让他如愿以偿做了自己喜欢的事情，而不是妈妈喜欢的事情。

在亲子关系中，你是否有这样的经历：孩子想做自己喜欢、感兴趣的事，你却不让他做；对于孩子不喜欢但你喜欢的事情，你却总是逼着孩子做。逼着孩子做不喜欢的事情，结果就是孩子不开心，甚至会感觉压抑。

为什么很多父母喜欢把自己的爱好强加于孩子身上呢？究其原因，是出于补偿心理。

所谓补偿心理，是指个体如果有某方面的缺失，就会设法通过其他方式获得平衡和满足。例如，自己在童年时某方面爱好没有得到满足，到了成年后就会期待在孩子身上得到满足，于是把自己的爱好强加于孩子，而且还打着"一切为了你好"的名义。

曾经有很多父母带着快要高考的孩子来我的工作室。他们进门椅子还没坐热，就急着问我："我家孩子报哪所大学？学什么专业好？"

每当此时，我总是将视线移到他们的孩子身上，并问孩子："你考虑过上哪所大学、学习哪个专业吗？如果你没有考虑过，现在好好考虑一下，一会儿告诉我，好吗？"

这时，有些父母就会不解地看着我，也有一些父母会不开心地说："老师，他是个孩子，能懂什么？"

或许，孩子不如父母阅历丰富，懂得也少，但上什么大学、学什么专业是他自己的事情，难道他不应该选择自己喜欢的大学和专业吗？

著名诗人纪伯伦曾经说过："你们的孩子，你们可以给他们爱，却不可以给他们思想。因为他们有自己的思想。"

每一个孩子都是我们生命的延续，但他首先是独立的个体，他有自己独立的思想，有自己独特的爱好。我们不可以把自己的爱好寄托在孩子身上，那是剥夺他的爱好。

如果父母把自己的爱好强加给孩子，不仅会剥夺孩子的爱好，还会给孩子的心理造成伤害，甚至会毁掉孩子的爱好。所以，父母要在爱好方面与孩子建立边界感。

作为父母，我们应该怎样在爱好方面与孩子建立边界感呢？

首先，我们要明白，每个孩子都有自己独立的人格和自由的意志，他有权利追求与享受自己的爱好。如果孩子没有自己的爱好，我们要设法培养孩子的爱好，可以给孩子报一些兴趣班。

其次，具体报什么兴趣班，可以给孩子机会，让孩子自由选择。具体而言，我们可以这样做。

第一，先带孩子去一些兴趣班上体验课，然后征求孩子的意见。例如，问他最喜欢学画画还是跳舞。这样就可以帮助孩子知道自己的爱好是什么。

第二，如果孩子不知选什么好，说明他的选择能力较差，我们就要创造让孩子自由选择的机会。例如，带孩子逛商场，让孩子挑选他喜欢的学习用品或美食等，通过这些方式有意识地培养他的选择能力。

第三，我们要尊重、支持孩子的爱好。例如，孩子喜欢学音乐，可能我们不喜欢音乐，但还是要尊重、支持孩子的选择，给他报音乐班，让他有机会追求与享受自己的爱好。

第四，对于自己想要的爱好，我们要自己去满足，而不是将它强加在孩子身上。

在一个心理咨询师学习班上，我曾接触过一位妈妈。在那个学习班上，她年龄最大。但是，她并不介意自己的年龄。因为她在上大学时就想学习心理学课程，梦想当一名心理咨询师。然而，那时父母不同意，他们想让她学会计专业，认为这个专业毕业后好找工作。于是，她就学了会计专业。

时隔多年，她一直觉得当年没有学习心理学是一个遗憾。最终，她在快退休时开始学习心理学课程。我问她为什么没让孩子学习心理学课程。她说自己的爱好应该自己追求，与孩子无关。就这样，她的两个孩子，一个学了自己喜欢的法律，另一个学了自己喜欢的美术。

爱好无边界，但是不同人的爱好之间是有边界的。如果父母有父母的爱好，孩子有孩子的爱好，那么父母与孩子在爱好方面最好的边界感，就是允许孩子做他喜欢的事情，允许自己做自己喜欢的事情。互不干扰，但是各自欢喜。

分享边界：与其强迫孩子分享，不如尊重他的选择

很多父母都向我抱怨过："我家孩子非常自私，没有分享的习惯，我真担心他长大以后没有什么朋友。"

诺诺妈妈给我讲了发生在诺诺身上的一件事。那天是周六，诺诺姑姑带着诺诺的表妹来家玩。表妹比诺诺小 3 个月。表妹进门时，诺诺表现得非常礼貌、热情，给了表妹一个大大的拥抱，还让她吃水果。诺诺妈妈与姑姑都认为，今天她们一定能友好相处。可是没过一会儿，她却与表妹闹得不愉快。

原因依然是争抢物品。表妹想玩诺诺穿粉色连衣裙的布娃娃，诺诺却将布娃娃抱在手中，死活不

给她玩，还说"布娃娃是我的，是我爸爸买的"。表妹见诺诺不给自己，就动手抢。于是，两个娃娃撕扯起来。表妹在撕扯中处于下风，见抢不到布娃娃，哇地一声哭起来。

见表妹哭了，诺诺妈妈觉得不好意思，就从诺诺手中一把夺过布娃娃，给了表妹，并对诺诺不满地说："表妹是客人，你把布娃娃给表妹玩一会儿，又能怎么着？"

诺诺手中没有了布娃娃，先是愣一下，接着也哭闹起来。于是，妈妈非常生气。姑姑去拿其他玩具给诺诺玩，诺诺也不理姑姑，这让妈妈更觉得不好意思！

很多父母在教育孩子时，都非常重视分享习惯的教育。只是在进行分享习惯的教育时，有些父母表现得急功近利。例如，一旦孩子不如自己所愿，拒绝与人分享，这些父母就认为孩子不懂事，或者给孩子贴上自私、小气的负面标签，然后强迫孩子进行分享。

然而，孩子不爱分享真的是自私吗？孩子拒绝分享，父母就可以强迫孩子分享吗？我的答案当然是否定的。因为孩子是否爱分享，与他的物权意识发展有关。因此，孩子不想分享时，可能是他的物权意识比较强，没有分享意识。此时，父母需要多理解孩子，尊重孩子的选择，而不能强迫他。

孩子的物权意识大概会经历以下几个时期。

1岁前，孩子的物权意识比较淡薄，因为他们开始对自己的身体与周围环境感兴趣，有强烈的探索欲望，还没有自我意识。

1～4岁时，孩子有了自我意识，而且自我意识不断增强。慢慢地，孩子就开始以自我为中心，他会认为自己喜欢的东西都是"我"的，表现出很强的独占欲。

此时，如果我们让孩子分享，孩子一般都会拒绝。但是，我们不能据此就认为孩子自私，也不能强迫孩子进行分享，否则会给他们造成心理伤害。例如，这会让他们缺少安全感，或者不懂得在不想分享时进行拒绝。

6 岁后，孩子的社交圈不断扩大，他也有了交友的想法。此时是父母对孩子进行分享习惯教育的最好时机。

作为父母，我们如何对孩子进行分享习惯教育，才能有事半功倍的效果呢？

第一，分享前要先明确分享物的物权边界，并征得孩子同意。

很多父母都有一个错误的认知，就是认为孩子的玩具、衣服、绘本是自己买的，自己有权随意支配。而在孩子的眼中，你给他买的就是他自己的。因此，如果父母想让孩子与他人分享自己的物品，一定要征求孩子的意见，而且要在征求孩子的意见前先确认物品的归属。例如，想让孩子分享他的绘本，就可以这样对孩子说："宝宝，可以将你的这本《小王子》借给小朋友意意看半小时吗？半小时后再让他还给你，行不？"

如果孩子同意分享，就让孩子与他人分享。如果孩子拒绝分享，父母就不要强迫孩子分享，而是尊重他的选择。

第二，营造良好的分享氛围，让孩子有主动分享的意愿。

孩子的心情好了，通常就会主动与他人分享。因此，如果想让孩子与他人分享，父母就要给孩子营造良好的分享氛围。例如，你要想让孩子分享他的玩具，可以这样对孩子说："小明可会玩枪了，他会将玩具枪拆开后重新组合，能将玩具枪玩出新花样！你要不要把玩具枪交给小明试试？"孩子不仅喜欢玩，而且好奇心很强，一听小明有玩枪的新创意就会满心期待，甚至是欢喜，从而能主动与小明分享他心爱的玩具枪。

第三，用孩子喜欢的方法引导他主动分享。

孩子天生爱玩，父母在培养孩子的分享习惯时，可以让孩子在玩乐中学习分享。

首先，在分享前，父母要让孩子与一起分享的小朋友熟悉一下，如拉拉手、以名字接龙的游戏方式介绍自己，等等。当孩子熟悉了小朋友时，再让他把自己的东西分享给小朋友，他一般就不会拒绝了。

其次，父母要让孩子在与小朋友的合作中学会分享。例如，父母可以让孩子与小朋友玩过家家的游戏。在游戏中，孩子与小朋友将锅铲等小玩具混在一起玩，既分享了玩具，又分享了快乐。

最后，父母可以让孩子与小朋友轮流玩玩具。例如，用石头、剪刀、布的游戏确定规则，哪个小朋友赢了，就由哪个小朋友先玩一会儿玩具。在轮流玩玩具的过程中，孩子不仅学会了分享，也学会了等待。

第四，在分享上，父母要以身作则。

我曾经在一个教育类的讲座上见过一个 5 岁的孩子，他是跟妈妈来听讲座的。与他见第一面时，他就主动递给我一包薯片，并且告诉我"薯片可好吃了，赶紧吃"。

我问他妈妈，孩子怎么这么会分享。妈妈告诉我，也没怎么教育他一定要分享，只是平时他和爸爸都爱与人分享。他们特别爱旅游，每次去外地旅游都会给亲朋好友带一堆礼物，一回来就开始给朋友们打电话，请他们过来拿礼物。孩子有样学样，后来他就主动将打电话的事抢过去，成了他们分享礼物的传声筒。

父母是孩子最好的老师。如果父母爱分享，孩子不用刻意被教育，就会耳濡目染，养成分享习惯，学会主动分享。因此，在日常生活中，父母要大方、慷慨一些，做孩子分享的榜样。如果孩子不想分享，父母也不要强迫孩子，而是尊重他的选择。因为随着孩子的分享意识不断增强，他就会主动分享了。

心理距离边界：遵循刺猬法则，才能与孩子保持最好的距离

勇勇上初一了，有一天放学回家，进门就将书包扔在地上，然后进了自己的房间，并将房门反锁。勇勇妈妈不知发生了什么事情，非常担心，就去敲门。见勇勇不开门，妈妈就问他："你怎么了？在学校发生了什么事？"

勇勇在房间不耐烦地叫道："别管我，烦！"

后来，勇勇妈妈做好晚饭，敲门叫他出来吃饭，他又回了两个字："不饿！"

这让勇勇妈妈没办法了。还好，没过一会儿勇勇爸爸下班回家了，她就问勇勇爸爸怎么办。

勇勇爸爸大大咧咧地说："他都说不饿了，那就别管他，我们吃饭。"

但是，勇勇妈妈却觉得不叫孩子吃饭过意不去，又去敲门。没想到，勇勇一听到敲门声，立马在里面吼道："还有完没完？让我清净一会儿不行吗？"

"这是我养的孩子？我是养孩子还是养祖宗？这孩子也太不像话了吧！"妈妈被气得好几天不理他。

有一天，勇勇妈妈在无意中听到勇勇跟同学打电话："这几天，我妈不理我，一点也不关心我啊！看来是想让我自生自灭了……"听了勇勇的抱怨，勇勇妈妈只好主动找他搭讪，缓和彼此的关系。

然而，勇勇妈妈还是觉得自己很委屈，就来找我诉苦："原来跟我无话不说的孩子，为什么不爱跟我说话了？为什么孩子长大后，反而与我不亲近了，甚至有些嫌弃我？"

很多父母会发现，随着孩子一天天地长大，他却离自己期许的样子越来越远，既不懂事，也不听话。而父母在他面前必须小心翼翼，因为一不小心就会触碰到他的逆鳞，他就会像一头狮子一样冲你大吼大叫。

孩子之所以变成父母不喜欢的模样，其实与父母平时的家庭教育方式有关，特别是与孩子的早期教育有关。孩子是独立的个体，随着他的不断成长，他会需要越来越多的自由成长空间。因此，在早期教育中，父母一定要根据孩子的年龄增长，不断调整自己的教育方式。

例如，在心理上不断与孩子建立应有的边界感；否则，孩子的心理空间总处于被侵占的状态，他会想方设法地进行反抗。当然，也有一些孩子不会变得逆反，而是学会了妥协、依赖，变得缺乏独立性。

父母如何做，才能在心理上与孩子保持应有的距离与边界感呢？

心理学上有一个"刺猬法则"，就是指人际交往中的"心理距离效应"，即人在交往中需要保持适当的距离，像互相取暖的刺猬一样，既互相关心，又有各自独立的心理空间。

父母与孩子相处时，要想保持孩子的心理健康，也要遵守这个法则，在心理上与孩子保持不远不近、让他感觉舒适的距离。具体地说，就是在孩子的成长过程中，父母要根据孩子不同成长期的心理需求关爱孩子，而不是一味地满足孩子的所有需求。

第一，在依恋期要多陪伴孩子。

3岁左右是建立依恋关系的关键时期。此时，父母要多陪伴孩子，最好是要坚持自己带孩子，并尽量及时对孩子的需求给予回应和满足，以此与孩子建立安全型的依恋关系。只要亲子之间有了这种关系，孩子将来就会变得阳光自信。

父母在这个时期陪伴孩子，需要注意以下事宜。

首先，如果孩子哭闹，父母不能对他百依百顺，而是要正确地对待。例如，当孩子以此让父母满足他不合理的需求时，父母要温和且坚定地对他说"不"。这样，他就能学会隐忍与克制。

其次，要重视培养规则意识，要给孩子立规矩。给孩子立下规矩后，如果孩子想越界，破坏规矩，甚至不惜以哭闹、撒泼的方式达到自己的目的，那么父母要站在孩子的角度理解他的感受与情绪，并耐心地陪伴他，但是不能自己先破坏规矩。这样，孩子就会明白规矩的重要性。

最后，规矩的培养是一个循序渐进的过程，父母要多给孩子一些时间。因为时间长了，孩子就会接受与理解规矩，慢慢地变得守规矩。

第二，在 3 ~ 6 岁时多引导孩子。

这是孩子性格、习惯及能力等培养的最佳时期。此时，父母要多引导孩子，少管教孩子；要与孩子在心理上建立边界感，尽量满足孩子的心理需求，而不是自己的心理需求。具体而言，父母可以这样做。

首先，在做某件事情前要问自己：是为了满足自己的心理需求，还是为了满足孩子的心理需求？如果是为了满足自己的心理需求，比如减少自己的焦虑，那就不要帮孩子做。

其次，当孩子想做自己的事情而又不会做时，父母要多鼓励、指导孩子去做。例如，给孩子提供做事情的思路、方法及工具等，而不是将孩子不会做的事情全都揽过来帮他完成。

这是孩子成长过程中承前启后的一个关键成长时期，父母应该重视孩子心理与情绪健康的培养。而且，父母自己要有乐观积极的心态，要以平和稳定的情绪应对生活中的各种问题，给孩子营造轻松快乐的心理成长环境。

最后，父母要注意自己的言行举止。例如，不说脏字，不骂人；凡事以身作则，且保持良好的生活习惯，做孩子的好榜样。

第三，12 岁后让孩子成为自己的主导者。

这个时期，父母要在心理上与孩子不断建立边界。

首先，父母要尊重孩子的情绪与感受。当孩子有不良情绪且控制不住自己的情绪，如发脾气时，父母要站在孩子的角度理解、体谅他，要允许孩子表达自己的情绪，但是不要干涉他的情绪。要相信，时间长了，孩子就能学会控制情绪，学会自我管理。

其次，父母要给孩子自主选择的权利。当孩子遇到问题，比如孩子需要独自做一些选择时，父母应该舍得放手，让孩子自己做选择。例如，第二天上学要穿什么衣服，可以让孩子在晚上睡觉前自己选择与搭配；学校组织孩子们去旅游，要带哪些衣服、哪些日用品，可以让孩子自己选择与打包。

最后，孩子在这个时期已融入群体生活，他会越来越需要在心理上得到同伴的接纳与支持，与父母的心理距离会越来越远。此时，父母要接纳这个现实，克服心理上的焦虑，并且要鼓励孩子多交朋友。

此外，还要注意的是，如果父母担心孩子与自己越来越不亲近，就可以与孩子多聊天，而不是遇到问题就责怪孩子。在聊天时，父母要多听少说，将沟通模式从过去的"我说你听"变成现在的"你说我听"。父母只要用心倾听孩子的心声，就会理解、接纳孩子，从而一步一步地拉近与孩子的心理距离。

第 5 章

夫妻边界：
有边界的婚姻长长久久

愿景边界：与其指责对方，不如大方地提出需求

　　圆圆大学毕业不到半年，就与大学期间交往的男友结婚了。她本来不想一毕业就结婚的，奈何男友嘴巴特别甜，对她信誓旦旦："以后，我负责赚钱养家，你负责貌美如花！"再加上男友对她确实不错。她喜欢美食，他就带她去不同的餐馆吃饭；她喜欢爬山，他就经常陪她去爬山；她生病了，他就给她做饭、洗衣，细致入微地照顾她。所以，她就不顾父母的反对，与男友结婚了。

　　婚后，在公婆的帮助下，丈夫开始创业。她结婚不久就怀孕生子。有了儿子后，她整天围着儿子转，或者做家务。丈夫每天去公司打拼。

　　时光流逝，一转眼圆圆与丈夫结婚 5 年了。丈

夫的公司越做越大，管理的员工越来越多。而她发现丈夫陪自己的时间越来越少，也越来越不关心自己了。

有时，她想找丈夫聊聊孩子的事情，但一看丈夫还在书房办公就想算了吧，不再去找他聊天。结婚纪念日那天，她一直盼着丈夫有所表示，可是等了一天也不见他的人影。更可气的是儿子半夜上吐下泻，她吓坏了，但丈夫还在公司加班，没回家。怎么办呢？

情急之下，她打电话叫来自己的弟弟。弟弟开车带她和儿子去医院，在医院又是检查又是输液。折腾到凌晨4点，儿子的情况才有所好转。

回家后，她看见丈夫的房门关着，应该已经睡着了。她感觉自己快崩溃了，就发了一条朋友圈："这一夜的兵荒马乱……不怕没男友，就怕结婚后开启的婚姻模式是丧偶！"

第二天，她的朋友圈就炸了锅，亲朋好友都问她是什么情况。也有很多朋友在微信中问她："怎么了？是不是跟另一半吵架了？你们不是一直关系很好吗？"而与她关系最好的一位朋友建议她最好删了这条朋友圈。毕竟，这会影响他们的夫妻关系。

她听朋友的建议，删了这条朋友圈。然而，她心中还是有些困惑，就来问我："老师，这样的婚姻要不要继续？为何结婚前他那样善解人意，我一个眼神，他就知道我要做什么，结婚后却慢慢像变了一个人，不再对我嘘寒问暖了？"

我的建议是如果有需求，一定要说出来。例如，即将到结婚纪念日了，你要事先提醒他，或者直接跟他说你要什么礼物；还有孩子生病了，你一定要告诉他。

很多人在结婚后都有这种感觉，那就是自己的另一半对自己没有婚前那样好了。例如，在谈恋爱时，自己想要做什么是有求必应，甚至看他一眼，他就知道自己想要什么；婚后，他却对自己的需求变得不敏感了，甚至视而不见、闻而不问。于是，就会像圆圆一样心中有怨气。

可以说，夫妻之间的很多矛盾和危机往往源于你心里想要另一半为你做什么，但就是不说出来，而是让对方自己觉察，另一半却往往懒得或难以猜透你的心思。于是，你就会生气。因此，夫妻之间最好的解决矛盾和危机的方式就是将需求说出来。

或许有人会问，为何不将自己的需求说出来呢？之所以如此，是因为有些人总以为两个人结婚了，就成为一个不分彼此的命运共同体，因此就要求另一半"削掉"他的自我，而以自己的自我为中心。无论我有什么需求，我不说，你也应该知道，而且必须满足我。这样的人是在用小孩的思维与逻辑行事，是不成熟的表现。

实际上，即使两个人成了夫妻，彼此依然是独立的个体。同时，每个个体由于原生家庭、受教育水平等不同，导致认知与理解能力不同，从而对另一半的需求有不同的认知与理解。例如，有些人认为结婚纪念日必须与另一半过，而且要给对方买礼物；也有些人认为都老夫老妻了，不需要有仪式感，没必要在结婚纪念日送另一半礼物。

由此可见，有时你认为另一半应该为你做的，对方可能觉得没有必要做。因此，如果你对另一半有需求，就必须向对方表达出来，这就是夫妻都应该坚守的一个愿景边界。

在日常生活中，我们应该如何向另一半表达自己的需求呢？当然是要坦诚地沟通。

第一，用正确的方式表达。

首先，表达要主动、直接，即将自己的需求直接说出来。

例如，你希望你的另一半多一些时间陪你，就不要对他说"你也不多关心关心我"，或者"你就是工作狂，都把家忘记了"，而是要主动对他说"我需要你每天用 2 小时的时间陪我"。

其次，表达要具体且清晰，要清晰地告诉另一半你希望他如何做。

我经常听到有人对自己的另一半说"你要对我好点儿"，可是什么叫"好点儿"呢？显然，"好点儿"是一个非常模糊的词。与其说"你要对我好点儿"，不如说"你要为我分担家务，你要帮我把衣服洗了，把地拖了"。

当你清晰地表达你的需求时，他就知道你的愿景边界了，就能以你需要的方式或正确的方式回应你。否则，他还是会用他的认知回应你。例如，他会说"你把衣服扔洗衣机里就可以了"，或者"地很干净，不用拖啊"。

第二，表达要有边界。

很多人习惯在表达自己的需求时带着情绪，或者会说一些与需求无关的话，甚至是指责与抱怨。这样会让你的表达变味，会让对方感受到被攻击。因此，我们在表达需求时一定要注意分寸。

首先，我们要了解自己想表达什么，或者自己的需求是什么。

其次，记得一定要直接地表达自己的需求。例如，你需要他陪你去医院，就可以直接对他说："我需要你陪我去趟医院。你安排一下时间？"这样另一半就很明确你想要什么，或者知道你的需求界限。

最后，要记得不表达与需求无关的内容，特别是自己的负面情绪，如指责与抱怨。例如，你对他说："我身体不舒服，你都不知道关心我！"这其中的"你都不知道关心我"就是在指责与抱怨他，这样他可能会因为被激怒而难以用恰当的方式回应你。

第三，要评估自己的需求。

表达需求后，我们也要评估另一半是否能够满足自己的需求。

首先，我们要看自己的需求是否合理。例如，你因为与他的父母难以相处，就让他与他的父母老死不相往来，他自然不会满足你的需求。

其次，我们要看自己的需求是否在另一半的能力范围内。例如，他工作很忙，无法请假，你却希望他请假陪你去旅游，这个需求就超出了他的能力范围。所以，如果他拒绝你，你应该理解、接纳。

最后，我们还要看另一半的意愿。他不喜欢逛街，虽然有时间，如果你让他陪你逛街，他多半会说："你让你朋友陪你去逛街，我不想去！"此时，你也要理解、接纳他。

总之，夫妻都是独立的个体，彼此之间的需求都是不同的，对需求的认知与理解也是不同的。如果你对另一半有需求，就要主动、直接地说出来，而不是一味地抱怨与指责。这就是夫妻应该恪守的愿景边界。只有自己对需求的表达既准确又清晰，才可能得到应有的回应或被满足。

角色边界：与另一半达成共识，明确家庭责任和角色

涵涵与李海结婚 5 年了，之前两人为家里一些鸡毛蒜皮的小事发生过争吵，但是涵涵从来没有像昨晚那样歇斯底里。

两人吵架的导火索是昨天晚上涵涵下班回家，感觉有些累，就煮了面条当晚餐，没有炒菜。而李海是南方人，从小习惯吃米饭，不喜欢吃面条。他见涵涵没有煮米饭，就问她："怎么不煮饭啊？不知道我不喜欢吃面条啊！"

原本涵涵就因为李海早下班回家却没做饭而心生怨气，此时见他又嫌自己只做面条，火气一下就上来了。她立马对李海河东狮吼："我每天既要上班，又要接送孩子，回来还要洗衣服、做饭，做这

样那样的家务活，可你呢？你下班回来就玩手机，饭不做，衣服不洗，地也不拖，你真把自己当大爷了？！"

"咋了？我不就是说了一句么！至于吗？"

"至于吗？李海，我嫁给你之前，可是父母的心肝宝贝，十指不沾阳春水，嫁给你就成你的保姆了？我呸！你凭什么啊？我不伺候你了！"

说完，涵涵就回房间收拾衣服，一手拉着行李箱，一手拉着孩子，开车回娘家了。李海见涵涵回娘家，就直接打车追过去，一个劲地给她道歉，并再三保证，以后家务活全由自己承包。涵涵这才跟他回了家。

在日常生活中，你曾经有过这样的经历吗？你随便说的一句话，或者一件小事，就让另一半暴跳如雷、大发脾气，甚至为此离家出走。其实，导致另一半怒火中烧的绝不是表面上的一句话、一件小事，其背后是夫妻之间的角色不明或责任不清楚。例如，家庭中应该由谁挣钱养家、谁操持家务等。

在观念比较传统的家庭中，夫妻各自扮演的角色通常是不同的。例如，男主外，女主内。在这样角色分明的家庭中，夫妻两人的责任自然有所不同。例如，丈夫负责外出工作，妻子在家照顾孩子、操持家务。由于角色与责任分明、边界感强，平时夫妻各做自己应该做的事情，就很少会为一些家庭琐事发生争执。

不过，在现代社会，大部分女性早已走出家庭，具有与男性一样赚钱养家的能力。因此，很多夫妻的角色与家庭责任定位早已与传统的男主外、女主内的家庭不可同日而语。

在很多家庭中，夫妻通常都扮演着既主外又主内的角色，都承担着养家糊口、养儿育女等方面的责任。因此，在一些家庭琐事上，夫妻双方也需要分工合作、共同完成。如果一方当甩手掌柜，把家庭琐事都扔给对方，自然就会增加家庭矛盾，甚至会出现本节开头的那一幕。

要想避免或减少矛盾，夫妻之间就要沟通与协商，对于彼此的角色与需要承担的家庭责任等都要保持立场一致，达成共识。

第一，根据夫妻各自的能力、性格与爱好等明确彼此的家庭角色与责任。

在现代社会中，家庭角色与责任可以根据夫妻赚钱的能力来分配。例如，妻子赚钱能力强，工作比较忙，那么，丈夫就要多主内，多承担一些家庭事务的责任，多做一些家务活。

第二，根据夫妻的爱好明确彼此的家庭角色与责任。

每个人都有自己的爱好，要想明确家庭角色与责任，有时我们要考虑彼此的爱好。至于谁具体分担哪些家庭责任，例如要做哪些家务活，就必须具体协商并达成共识。

我与我的另一半都是独生子女，上大学前都在父母身边生活。结婚后，因为她不喜欢与他人打交道，就让她主内、我主外。例如，她一下班就回家做饭。不过，她不喜欢洗碗，那么只要我有时间，我就会洗碗。

我有一位同事，他们夫妻也是根据爱好和兴趣确定家庭角色与责任。他的另一半是事业型的，不喜欢柴米油盐类的家庭琐事。因此，在他家里，我同事主内，他的另一半主外。

当然，也有人问我，如果我们都忙于工作，没时间做家务，都喜欢主外，不喜欢主内，怎么办？这很简单，那就请小时工，定期来做家务。只要夫妻协商并达成一致，谁扮演主内或主外的角色，谁承担多少家庭责任，都不重要。

第三，根据实际情况明确彼此的家庭角色与责任。

每个家庭的情况不同。例如，有的家庭只有夫妻两人，而有的家庭既有老人又有孩子，那么夫妻要承担的责任就多一些。因此，夫妻要想明确家庭角色与责任，就要考虑自己家庭的具体情况。家里人口多、责任重，要做的事情肯定会多一些。此时就需要夫妻好好沟通并达成共识，以确定各自的责任。例如，谁负责洗衣服、做饭，谁负责照顾家中的老人，谁接送上学的孩子，等等。同时，夫妻双方在很多事情上要进行合作。例如，哪些事情由夫妻一起做或轮流做，等等。

第四，互相理解，互相体谅。

我曾经听到有一位男性抱怨妻子："她不去上班，就在家带个孩子、做个饭，还每天总是说累，总是想让我帮她做家务！哎，我上班也累啊！"

其实，虽然夫妻扮演的角色与分担的家庭责任可能有所不同，但这种角色并不是固定的，应该根据实际情况灵活调整。同时，无论是主内还是主外的角色，都不是那么容易扮演的，都需要辛苦地付出。因此，夫妻双方都要学会换位思考，要站在对方的角色上理解对方，相互体谅。如果需要你搭把手，与另一半共同承担家庭责任，你一定要心甘情愿、乐此不疲。

例如，家中的孩子比较小，虽然妻子在家做全职太太，但是丈夫下班回来看到妻子既要照顾孩子又要做饭，就应该主动帮忙。只有夫妻之间互相理解与体谅，共同承担家庭责任，家庭才会更幸福、更和谐。

习惯边界：自己要有健康的好习惯，也要尊重他人的习惯

　　早晨刚上班，就有一位 30 岁左右的女士来访。后来，我知道她叫孙丽。虽然她打扮得体，但眼圈很黑，显然是睡眠不足。果然，她告诉我，最近她的睡眠很差，因为一直被一件事困扰：自己的这段婚姻是否要继续下去？

　　她告诉我，自己才结婚半年，丈夫的工作不错，收入不菲，可是生活习惯不好。具体地说，就是他不怎么讲究个人卫生，比如，不天天洗脚。而她父母从小给她培养的生活习惯，就是每天必须洗脚才能上床。所以，刚结婚时，她会天天叮嘱丈夫，一定要洗脚后才能上床睡觉。

　　她以为时间长了，丈夫就会养成习惯。但让她

没想到的是丈夫加班或有应酬时，回来倒头就睡。有时让他洗脚，他却总是说："昨天才洗的脚，今天脚没有臭味，没必要天天洗。"她很生气，就想跟丈夫吵架。但无论她说什么，丈夫就是不吭声。

昨天丈夫跟几个大学的同学聚会，回来时又是晚上10点多了。她让丈夫去洗脚，丈夫就是不去。她一气之下回到卧室，反锁上了门。结果，丈夫在沙发上睡了一晚。由于没有盖被子，第二天他就感冒了。然后，丈夫破天荒地埋怨她："都是你毛病多，才害我感冒了！"

孙丽听到丈夫如此指责自己，是一肚子的委屈："他自己没有良好的卫生习惯，却来指责我！这日子以后怎么过啊？可是为这事离婚吧，好像又不值得。毕竟除了这个坏习惯，他的其他方面都还不错。怎么办啊？"

恋爱时，很多人会盯着对方的优点，甚至将缺点也视作优点。结婚后，则会总是盯着对方的缺点，甚至一些不起眼的缺点。最致命的是会将这些缺点不断地放大，最终觉得忍无可忍，就设法让对方改变。

　　我曾经接触过很多这样的夫妻。有一对夫妻是中学老师，男老师教数学，女老师教语文。语文老师负责做饭，她每次做饭都要炒两个菜，而且菜量很大，但每次都吃不完。至于剩下的菜，她就会放在冰箱中，等下一顿再吃。

　　然而，她的另一半——数学老师，从不吃剩饭、剩菜，认为那样不利于身体健康。语文老师觉得另一半矫情，她说："我就是吃剩饭、剩菜长大的，我的身体不是很健康吗？"然后，她依然坚持她的生活习惯，每天还是炒超过两个人量的菜，然后剩下的饭菜放到下一顿继续吃。慢慢地，数学老师就不爱回家吃饭了，而语文老师则觉得他太过分。

　　后来，数学老师问我："我过分吗？"

　　我觉得，每个人都有自己的生活习惯，只要这个生活习惯不影响健康，我们就可以保持下去。但是，如果觉得另一半的习惯不利于身体健康，我们也不要强行命令其改变，而是要尊重他的生活习惯。

为何我让数学老师尊重他另一半的生活习惯呢？因为只有让另一半感受到尊重，而不是嫌弃，他才不会对你提出的要求产生敌意。这就是夫妻在生活习惯上要建立的边界感。

在日常生活中，夫妻应该如何做到尊重彼此的生活习惯，如何在生活习惯上建立边界感呢？

第一，设定自己的生活习惯边界。

每个人都有自己独特的生活习惯，如果自己的生活习惯有利于健康，那么在结婚后可以继续保持，并与另一半进行确认。例如，你早起必须吃早餐，每天晚上都必须 10 点休息等，一定要告诉你的另一半。当然，我们也要了解另一半有哪些生活习惯，有哪些禁忌。这样双方就可以了解彼此的生活习惯边界。

第二，学会尊重另一半的生活习惯。

由于原生家庭的教育方式不同、生活背景不同，每个人会有不同的生活习惯。以吃饭这件事为例，有人习惯细嚼慢咽，有人习惯狼吞虎咽。因此，夫妻的生活习惯肯定会有所不同。

面对不同的生活习惯，不同的人会采取不同的态度。最好的态度是不一味地抱怨或指责，而是尽可能尊重对方。

首先，我们要了解自己最不能容忍的是对方的哪些不良习惯，并且要告诉对方。其次，如果他的不良习惯无伤大雅或不影响健康，就不要抱怨或指责他。例如，你不习惯对方上完厕所后不马上洗手，可以提醒他，而不是质问他"为何不洗手"。你要知道，质问除了可能会导致两个人之间出现不必要的摩擦，是别无益处的。

其次，我们要尽可能多地包容另一半的生活习惯。虽然夫妻生活在一个家庭中，但是都有不同的生活习惯。因此，发现另一半有自己难以忍受的生活习惯时，我们一定要先认同、接纳。

最后，学会求同存异。只要另一半的生活习惯不影响我们的健康，我们就要尽量包容与理解对方，适应对方的生活习惯，而不是马上让另一半改变自己的生活习惯。同时，我们也要找出彼此相同的生活习惯。

第三，给对方改变生活习惯的时间。

曾经有很多人问我："我的另一半爱抽烟，跟他说了多次抽烟会影响身体健康，但他就是改不掉这个坏习惯。我们两人经常为此事吵个没完。"也有人对我说："我的另一半总是在晚上玩手机，很晚了还不休息。让他早一点休息，他嘴上答应，实际上却是你说你的、他做他的。"

抽烟与晚上玩太长时间的手机都是不利于身体健康的生活习惯，是应该改变的。如果我们自己有这些不良生活习惯，就要慢慢地改变，制订一个28天改变习惯的计划并去执行。

而如果想让另一半做出改变，我们就要这样做。

首先，我们要与他沟通，看能否就改变习惯达成一致意见，或者他能否同意我们要求改变习惯的意见。此时，我们要用正确的表达方式。例如，我们要表达对他健康的关心，而不是简单地抱怨："抽得满屋子都是烟味，你能不能不抽啊？"这样就有可能在改变习惯这件事上与他达成统一的意见，也就是设法让他同意改变自己的不良习惯。

其次，我们要让他在心理上得到放松。紧张、焦虑的人通常更容易抽烟或玩手机上瘾，而心情快乐、精神放松的人则很少会将注意力集中于不良习惯上。因此，我们要想让另一半改变，就要让他在心理与精神上不断放松。

如何让另一半在心理与精神上不断放松呢？我们可以不断转移他的注意力，让他将注意力集中在其他兴趣与爱好上。例如，下班后让他或陪他一起散步、聊天、看电影等，以此滋养彼此的亲密关系。而关系越亲密，他就越愿意听我们的建议与想法。同时，他对家庭的责任感也会越强，越愿意凡事先从家庭的角度考虑。

最后，我们一定要给另一半更多改变不良习惯的时间。例如，先与他一起制定一个阶段性目标，并围绕这个目标制订计划，最终让他实现总目标。同时，我们还要制定奖励举措，这样有助于让另一半更快、更坚决地做出一定的改变。

家庭事务边界：再小的家务事都要共同协商

快要到春节假期了，佳佳没有告诉丈夫吴思诚，就订了两张回自己父母家的车票。没想到，晚上回家，当佳佳告诉吴思诚这件事后，他立马翻脸了："你怎么在订车票之前没跟我商量一下？"

佳佳则振振有词："有什么好商量的！结婚前不是你自己说的吗？春节轮流过，一家一年。去年在你家过春节，今年就应该去我家过春节啊！你是不是想反悔？"

"不是我反悔，是因为我妈说，我们那里的风俗就是儿媳妇必须在婆家过年！我不带你回我家过年，我妈那里我怕是没法交代啊！"

见吴思诚这样说，佳佳就生气了："你怕给你妈没法交代，那我呢？我也是父母的独生女，难道我就没权利回家陪父母过春节？吴思诚，你要明白，我是嫁给你，不是卖给你了！"

吴思诚听佳佳这样说，自然也有些情绪了："你怎么说话这样难听？就不能商量？"

"商量？商量回我家，还是回你家？有什么可商量的！你要是不跟我回家，我们以后春节就各过各的。要么我们就干脆一拍两散，各过各的！"

一听佳佳生气说出"一拍两散，各过各的"，吴思诚立马闭了嘴。因为他追了佳佳三年，佳佳才答应与他交往，然后两人相知相爱，结婚成了一家人。要是佳佳真的因此而与他离婚，他肯定会后悔。无奈之下，他来问我应该怎么办，是否有折中的方法。

我建议他，既然与佳佳有约定，就要陪她回家过春节。至于他父母那边如何交代，那是他个人的事，与佳佳无关。

我参加过一些婚礼，经常听到主持人问新婚夫妻一些问题。例如，家里的钱归谁管？家里的事由谁做主？此时，丈夫都会回答钱归妻子管、家里的事由妻子做主。至于以后实际生活中家里的事由谁说了算，就不得而知了，毕竟那是人家的家务事。不过，家务事是不太好处理的，否则就不会有那么多的家庭矛盾，也就没有清官难断家务事的说法了。

什么是家务事呢？所谓家务事，就是家庭事务，既指自己小家庭内部的事，又包括与自己家庭相关的大家族的一些事，如婚丧嫁娶、柴米油盐酱醋茶、衣食住行等。这些琐碎而繁杂的事务都属于家庭事务，简称家务事。

或许有人会问，为何家务事不好处理，还会引发夫妻之间的矛盾呢？究其原因，是由于家务事比较多，比较复杂，所以需要设定界限。如果没有界限，双方都为所欲为，不沟通与协商，自然就会引起矛盾。

如果想夫妻和睦、家庭和谐，就要在家务事方面设定各自的界限，并且要多沟通、多协商，在很多事情上都要统一意见，具体可以这样做。

第一，明确家务事的界限。

每个人一睁眼，不仅要面对自己小家的事情，还要面对与自己小家有关的家族事务。因此，要想更好地处理家务事，夫妻之间最好先分工，也就是要明确自己家务事的界限。

首先，要明确自己小家与双方父母家之间事务的界限，要明确哪些是自己小家的事务，哪些是婆家与娘家的事务。

其次，要明白自己有能力做哪些事情，没能力做哪些事情；自己喜欢处理哪些事情，不想处理哪些事情；哪些是自己分内的事情，哪些不是自己分内的事情。同时，要将自己没能力做的事情或不想处理的事情，也就是自己对家务事的界限告诉另一半。

最后，要了解另一半喜欢、有能力管理哪些事情，以及他对家务事的具体界限。

第二，再小的事也要有商有量，并达成共识。

在婚姻中，夫妻都有相互扶持、共同培养下一代、赡养老人的责任，因此要尽力履行家庭职责，做自己应该做的事情。同时，对于同一件事，每个人都有自己的想法和意见，因此在家务事上要共同协商、分工合作。即使看起来微不足道的一件小事，也要与另一半沟通和协商。

很多人总是向我倾诉："我和另一半的工资都是自己保管自己的，平时她也不过问我的工资是多少、如何花，但为何一听我擅自将钱借给朋友，就劈头盖脸地骂我？其实，我只借给朋友 1000 多元钱！"

借给朋友 1000 多元钱，确实数额不大，看起来也是一件小事，但在家务事上，你可能触碰了另一半的底线。因此，不论一件事看起来多小，都要与另一半商量。你不与他商量，是你的问题；你与他商量了，他不同意借钱，是他的问题。

再比如孩子的教育问题，如果你的孩子上高中了，是走读，还是住校？走读的话，是否要陪读？孩子放假了，想去旅游，父母要带他去哪里旅游？是自驾，还是坐高铁？这些问题都需要夫妻好好商量，不要自己擅自做决定。

经过协商，彼此统一意见后再做决定或执行，这样才能避免因为意见有分歧而引发争吵。如果另一半与自己的意见不统一，也不要当着孩子的面争吵。如果他的意见不利于孩子的成长，那就要温和地说服或提醒他。

第三，在小事上别太计较。

在工作中，我接触过一位丈夫，他的父母与他们夫妻一起生活，平时多由妻子照顾。但是，妻子平时也要上班，既上班又照顾他的父母，非常辛苦。有一次，妻子做饭时不小心多放了盐，而他父母的口味比较清淡。他只说了一句："不会少放盐吗？"结果妻子就火了，吼道："你下班回家就知道坐在沙发上！我再忙你也不知道搭把手，还挑三拣四的！以后炒菜这事我不干了！"妻子说到做到，自此以后再也不进厨房了。

当这位丈夫向我抱怨时，我认为这件事造成这样的后果，都是因为他不会处理家务事，建议他在生活中多理解与体谅妻子的不易。他接受我的建议，向妻子道歉，而且决定只要有时间，自己就下厨房，或者帮妻子做一些其他家务。

这个世界没有完人，也没有超人，每个人在做事情时肯定会有不完美之处。而你要求对方太多，或者在小事情上斤斤计较，必然会引发对方的反感。因此，我们在家务事上要做到：大事有原则、有底线，要沟通与协商，力求达成共识；小事不计较，夫妻互相理解与宽容。这才是最好的底线。

总之，承担家务事是夫妻共同的责任与义务，但由于家务事繁杂，因此夫妻一定要共同努力，既要明确自己的责任与界限，又要进行分工与合作。同时，夫妻之间应该注重沟通，如子女教育、节假日等如何安排，都要进行协商，并尊重彼此的意见和感受。

经济与情感边界：关系再好的夫妻也要保持经济与情感独立

　　熟悉茵茵的人都知道她嫁得好。她与丈夫是大学同学，毕业后两人就结了婚。结婚不久，丈夫在亲戚的帮助下开始创业。

　　结婚后半年，她就怀孕了。由于单位离家太远，在丈夫的建议下，她辞职在家安心待产。她生孩子后，丈夫经营的食品公司开始走上正轨，工作变得繁忙起来。此时，丈夫觉得她出去找工作也挣不了几个钱，于是建议她做全职妈妈。

　　她觉得丈夫说的有道理，于是听丈夫的建议打消了找工作的念头。在她的悉心照顾下，孩子一天天地长大，转眼间就上幼儿园了，丈夫的食品公司也经营得越来越好。

然而，她发现丈夫的公司生意越好，自己却越来越焦虑。例如，她有事没事总想给丈夫打个电话，如果丈夫晚接一会儿电话，她就会特别着急。另外，她发现丈夫也有些变了，比如嫌她炒的菜不好吃，嫌她买的衣服土气。

茵茵妈妈出车祸时住院做手术，手术费需要十几万元。当时情况比较紧急，茵茵就赶紧帮妈妈交了手术费。丈夫知道后就问她："怎么不跟我商量一下呢？"

茵茵一听就火了："跟你商量？医生说要马上手术啊！"

丈夫看了她一眼说："十几万元不是小数目啊！你不是还有个弟弟吗！"

茵茵总算明白了丈夫的意思，她妈妈的手术费不应该全部由她负责，她弟弟也要承担一些。

后来，茵茵问我："他怎么这么小气？每年公司挣一二百万元，却在我妈妈的手术费上与我弟弟计较！"

我觉得她的思维应该从丈夫是否小气的层面跳

出来，并且要清醒地认识到即使丈夫的钱再多，那也是他的，而不是自己的。虽然法律上这属于夫妻共同财产，但在支配权与家庭话语权上比拼的是夫妻双方的挣钱能力，哪一方能力强，肯定是哪一方占优势。

我们结婚后如何做，才能在经济与情感上保持独立呢？

首先，在思想上保持独立。

曾经有人问我最欣赏什么样的人，我的答案是最欣赏思想独立的人。因为思想独立的人聪明、清醒、有主见，不会事事听命于他人。所以，一个女人要想在经济与情感上独立，首先要在思想上保持独立，凡事要有自己的想法，遇事要有主见。而要在思想上保持独立，就要多读书、多学习，并养成独立思考的习惯。

其次，在经济上保持独立。

我在工作中接触过很多女性，她们问我最多的问题是自己生孩子后是否要做全职妈妈。此时，我都会对她说："我个人是不建议的。"

很多女性在结婚前都有自己的工作，结婚后因为要养儿育女，就选择放弃了工作。其实，女性生完孩子，如果有婆婆或妈妈，最好是由她们帮忙带孩子。

当然，经济条件许可的话，也可以请育婴师帮自己带孩子。如果没有人帮忙带孩子，也请不起育婴师，就可以暂时自己带孩子。不过，等孩子上幼儿园后，自己要找份工作或者做点小生意。哪怕这份工作或者小生意的收入没有你的另一半多，但足以让你保持经济上的独立。

最后，在情感上保持独立。

很多女人在结婚后会抱怨丈夫不像恋爱时总是陪伴自己了。我就曾经接待过这样一位女士，她不解地问我："他恋爱时恨不得24小时跟我黏在一起，结婚后像忘记自己有老婆了，天天加班，天天回家很晚！他是不是不爱我了？"

我告诉她，他不是不爱你了。结婚前，他为了追求你，把所有注意力都放在你身上。结婚后，他完成了追求你的目标。接下来，他就不会把所有注意力都放在你身上。例如，他要将更多注意力放在工作上，以完成自己养家糊口或养儿育女的任务。

再者，你的另一半原本有自己的情感生活，比如陪伴自己的父母或朋友。

最后，我建议这位女士要学会在情感上保持独立。同理，如果丈夫有这种情感上的失落感，也要学会在情感上保持独立。

结婚后，夫妻如何在情感上保持独立呢？

第一，要建立夫妻亲密关系的边界。

越是亲密的关系，越需要隐私与空间。因此，夫妻之间要建立情感边界。

首先，夫妻之间建立情感边界，不是要夫妻在情感上互相疏远，而是做事、说话一定要注意分寸，知道什么事情不该做、什么话不该说。

其次，给另一半独处的空间。因为每个人都是独立的个体，都有不想被人打扰的时候。我们不能因为是夫妻关系，就侵占对方个人的情感空间。例如，他想一个人静静地待一会儿的时候，你非要他陪着你，不允许他独处，这就会让他感到不愉快。

最后，我们要考虑另一半的需求与感受，尊重另一半的想法，要给对方一定的自由与自主权，要允许另一半有自己的情感生活。例如，允许他回家陪父母，或者与朋友一起小聚、聊聊天，或者联络一下感情。

第二，自己的情感需求自己解决。

很多人曾经问我："自从孩子上了高中，孩子爸爸又忙于工作，没时间陪我，我感觉日子过得特别无聊。我应该怎么办？"其实很简单，要学会满足自己的情感需求。

首先，如果你是全职妈妈，此时可以找份工作或做点小生意。这样时间过得快，生活就过得比较充实，当然也就没那么多时间胡思乱想了。

其次，要学会独处。另一半不陪自己的时候，可以看看书，听听音乐，等等。

最后，记得一定要有自己的朋友圈，无聊时可以找朋友聊一聊。与朋友一起分享自己的快乐或烦恼，这样才可以缓解情感生活的压力，以及孤独感、失落感。

第三，学会控制自己的负面情绪。

很多人都有负面情绪，一有负面情绪就会向另一半发泄。其实，人有负面情绪是正常的，但要学会控制自己的负面情绪。因为向另一半发泄负面情绪，等于把自己的负面情绪强加于他人身上，在情感上越界，自然就会伤害对方。

要想在情感上不越界，我们就要学会表达自己的情绪，直接向另一半说出自己的感受，如"我很伤心，需要你来安慰我"；同时，我们要学会控制自己的负面情绪，例如，感觉心里烦躁时就出去散步，或用其他方法转移自己的注意力，这样就可以平复自己的心情。

每个人都是独立的个体，婚后不论在经济上还是情感上都要保持独立。例如，要有一份工作，要学会享受孤独，或者有自己的朋友圈，经常与朋友分享自己的情感生活。只有在情感上给自己保留空间，也给另一半保留足够的空间，夫妻关系才能越来越甜蜜。

学会拒绝另一半超出底线或承受能力的请求

有一天，刘刚正在上班，突然收到妻子发来的微信："老公，快给我转点钱！"看到妻子要钱，刘刚就问她："转多少？"

"15000 元！"

刘刚看妻子要 15000 元，觉得数额有些大，就多问了她一句："要这么多钱做什么？"

妻子回复道："我妈快过生日了，我想给她买个金手镯当生日礼物！"

刘刚得知妻子是为她妈买金手镯，就有些为难了。因为刘刚手头只有 8000 元，而且这个月的房贷还没有还。不给妻子转钱，她肯定不高兴；给她转吧，就要向别人借钱。但是，刘刚又不想向朋友或同事借钱，因为与他关系较好的同事或朋友，月收入都还没有他高。

一时间，刘刚有些不知所措。

有同事见他脸色不好看，便问他怎么了。他告诉同事自己遇到了麻烦。同事得知他的境遇后，建议他找我拿个主意。当他问我怎么办时，我给他提了一个建议：别打肿脸充胖子，既然自己手头没那么多钱，就要想办法拒绝妻子。

夫妻相处时，你的另一半是否也向你提过超出你的底线，或者超出你的承受能力的请求呢？如果你的答案是肯定的，你是否也像刘刚一样不知所措呢？

或许很多人遇到这些事情时，要么直接拒绝，要么打肿脸充胖子。直接拒绝的结果可能是引起对方的不满，甚至引发夫妻之间的矛盾。

打肿脸充胖子，另一半就不会知道你的底线与承受能力，进而继续提出一些无理的或者超出你的承受能力的请求。

在工作中，我就接触过很多这样的丈夫与妻子。茜茜与丈夫是大学时的同学，两人在大二时谈了恋爱。大学毕业后，茜茜与丈夫回到他的老家发展。

两年后，两人结了婚。结婚时，茜茜与丈夫约好，自己是家中的独生女，有照顾自己父母的责任，如果父母有病，她是要回娘家照顾他们的。茜茜丈夫对此没有提出反对意见。

两人结婚不久有了孩子。孩子5岁时，茜茜父亲出车祸，住了院。茜茜让丈夫照顾孩子，自己回娘家照顾父亲。没想到丈夫却不同意，他说："我一个大男人怎么照顾孩子？你不是还有个弟弟吗？嫁出的闺女少掺和娘家的事！"

"少掺和娘家的事？你再说一次，什么叫掺和？照顾父母是我的责任！"茜茜没想到丈夫会提出如此无理的要求，一气之下将饭碗摔在地上。见她生气，丈夫知道自己错了，一个劲地给茜茜道歉。后来，两人又心平气和地谈了一次，而且达成了共识：丈夫让婆婆来照顾孩子，茜茜请假回娘家照顾她的父亲。

其实，茜茜回娘家照顾自己的父亲是当初与丈夫约定好的，这是她的一个底线，而丈夫的无理要求自然就会惹怒茜茜。

在日常生活中，当另一半触碰自己的底线时，你是怎么做的呢？是不是也会怒不可遏？其实，我们可以巧妙地说"不"。

要想对另一半巧妙地说"不"，我们通常可以这样做。

第一，对另一半的需求进行评估。

每个人都有自己的需求，当另一半向你表达了他的需求后，你要先对他的需求进行评估。

评估的标准通常有两个。

一是他的需求是否合理。什么是合理的需求呢？所谓合理的需求，就是不伤到自己或者自己小家利益的需求。

二是自己是否有能力满足他的需求。凡自己有能力、有时间、有精力满足的，都是合理的，否则都是不合理的。

第二，拒绝时要注意态度。

很多人在另一半提出不合理的请求时都会出现不良情绪，如很生气或很伤心等，与另一半沟通时自然就态度很差，如会指责另一半或对另一半大发脾气。而正确的态度是无论另一半提出的要求多么不合理，也要对他抱着友好的态度。即使无法保持友好的态度，也要保证做到心平气和、冷静对待。

首先，要对他保持微笑，眼带善意，而不是一脸的不屑。

其次，要表示理解他的需求，站在他的立场考虑他的需求，这样就能做到理解、接纳他的不合理的需求。

最后，要语气温和地说出自己的想法与建议，比如说出自己不能满足他需求的想法。

第三，拒绝的方式要委婉。

当另一半向你提出不合理的需求时，你不要直接拒绝，而是要说出拒绝的理由，并且这个理由听起来比他提出的需求更合理。

例如，当你妻子提出要买一个几千元或上万元的包时，你可以告诉她，自己手头的钱已经做了安排，要用作孩子上辅导班的学费、准备给家里换个大冰箱等；或者告诉她，自己手头现在没有这么多钱。这样另一半既知道了你的想法与底线，也不会感到不舒服、生气或难过，从而容易接纳你的想法与理由。

第四，使用平衡心理的妙方。

在工作中，我接触过一位父亲。有一天，他在加班，他的妻子给他打电话，让他去接放学的孩子。他没有时间接孩子，就告诉妻子自己没时间。但是，他又担心妻子生气，就跟妻子说："我加班写的这个方案很重要，领导要求今天必须写完。今天就辛苦你去接孩子，明天早晨我洗衣服、拖地、做饭！"这样拒绝另一半，对方一般不会心理失衡，也不会产生不良情绪。

总之，好的婚姻都是有底线与边界的。无论夫妻感情有多好，我们都要学会拒绝另一半不合理的或超出自己承受能力的请求。因此，夫妻双方在应该拒绝另一半时千万不要不好意思，不要担心另

一半责怪自己；同时，在拒绝另一半时要注意态度
与方式、有分寸，要理解与体谅另一半的需求。这
样才能让另一半理解、体谅自己，从而接纳自己的
拒绝。

不要替另一半做决定，不要插手他人该尽的义务

亚兰曾经对我说，她此生做得最愚蠢的一件事，就是建议自己的另一半换了工作。

以前，亚兰的丈夫在本市的一家事业单位工作，虽然辛苦，但是工资与福利待遇一直不错。后来，丈夫生了一场病，病好了再去工作时，就感觉体力上有些吃不消。有时下班回来，他还会向亚兰抱怨："这份工作起早贪黑，太累了！"

一开始，亚兰没把丈夫的抱怨当回事。但是，丈夫抱怨得多了，亚兰就记在心上。有一天，丈夫又如此抱怨，她就对丈夫说："既然这份工作做得这么累，不如换份工作吧！"丈夫听了她的话，马上打了辞职报告。没想到的是丈夫辞职后，因为学

历与年龄的问题，一直没有找到适合的工作，最后只能在一家物流公司当司机，结果这份工作比原来的工作还辛苦。

每当感觉工作辛苦时，丈夫就又唉声叹气地说："哎，这份工作比我原来的工作还累！早知道这样，当初我就不应该听你的了！"

每当丈夫这样发牢骚时，亚兰只能听着，而且非常后悔："哎，当初自己为何要建议他换工作呢？真的是脑子进水了啊？"

如果你的丈夫每天下班回来，总是像亚兰的丈夫一样牢骚不断，不是抱怨工作不好做，就是抱怨同事不好相处，你会替他做决定吗？或者像热播剧《玫瑰的故事》中黄亦玫的丈夫，直接帮她把工作辞掉吗？

或许你会说，在大事上我没有替另一半做决定，可是在小事上我经常帮另一半做决定，比如他上班时穿什么衣服、他外出时带什么日用品。而如果你让他穿的衣服、带的日用品换来的是他的抱怨或不满，那么你也是越界了，做了自己不应该做的事情。

为何一些人总是习惯为另一半做决定，并插手他人应该做的事情？例如，尽他应该尽的赡养义务。究其原因，是我们在夫妻关系上没有边界感。例如，我们和另一半结婚后，就自以为是地将对方视为自己婚姻中的附属品，而不是独立的个体，就在很多事情上都想帮他做决定。但是结果呢？

婷婷与丈夫在闹离婚。她很烦，就来我找聊天。

原来，她的公婆从来没有帮她带过孩子，她与丈夫买房时，他们也没有出钱。而且，他们一直帮丈夫的弟弟带孩子，还在丈夫的弟弟买房时出了 20 万元。现在，婆婆生病住院了，公公却让她丈夫去照顾。婷婷一听就火冒三丈："我们孩子需要帮忙带时，他们没帮着带。我们买房，他们也不帮忙。现在生病需要人照顾，倒想起你来了。不许去！"

没想到的是丈夫却以晚上加班为由去照顾婆婆。她知道后跟丈夫狠狠地吵了一架，两人因此闹到了要离婚的地步。

听完婷婷的叙述，我觉得婷婷在这件事上做错了，理由有两点。

第一，她的丈夫有照顾他自己父母的责任与义务。因此，丈夫是否照顾他自己生病的母亲，要由丈夫决定，而不是由她决定。

第二，她强行决定，是在剥夺自己另一半应有的权利，自然会引发另一半的反感，甚至夫妻之间的矛盾。因此，如果我们想保持良好的夫妻关系，做事情就要有分寸，应该自己管的可以管，不应该自己管的事情就要有边界感，不要管。

那么，夫妻相处时如何做到有边界感呢？

首先，我们要明白，在这个世界上，每个人都是独立的个体，都有自主决定做什么事情、不做什么事情的权利。因此，夫妻之间凡是涉及另一半自主权的事情，比如涉及他原生家庭事务的事情、工作上的事情、他与朋友之间的事情等，

你不要擅自为他做决定，而是要学会放权，让他
自己决定。

曾经有人问我，婆婆与公公吵架了，自己是否
应该劝架？我告诉她，你最好不要去。因为婆婆与
公公吵架，如果要劝架，那也是应该由你的另一
半去，而不是由你这个儿媳妇去。她不解地问我：
"为什么啊？我跟公婆是一家人呢！"

或许，很多儿媳妇认为自己嫁给了丈夫，就跟
公婆成了一家人，或者因为公婆对自己不错，就不
把自己当外人，不论婆家有什么事都掺和一下，结
果有时费力不讨好。

其实，无论你与公婆的关系多么好，你和他们
也没有任何血缘关系。因此，你与他们根本就不是
一家人，只因为你丈夫跟他们是一家人，你与他们
才有了比较亲密的关系。如果不想自讨苦吃，你就
不要自作多情，而是与他们之间要保持边界感，保
持一个丈夫的距离，让丈夫冲在自己前面。

公婆家里有事，媳妇要尽量少发表意见，要谨
言慎行。第一，要考虑什么话是自己该说的，什么

话是丈夫该说的。应该自己说的话可以说，不应该自己说的话千万不能说。第二，考虑什么是自己应该做的，什么是自己不应该做的。自己应该做的由自己做，丈夫应该做的则要让他去做。

同样的道理，在家庭中，丈夫不要插手妻子娘家的事务。妻子娘家出了什么事情，她如何做、怎么做，要让妻子自己做主。如果妻子需要自己帮忙，再去帮忙也不迟。

其次，对于他已经做出的决定，即使你不同意，甚至你觉得有问题，也不要强行阻止与干涉，而是选择尊重他的决定。毕竟，他做出的决定是由他自己负责的，而不是由你负责的。

最后，记得另一半做出的决定，即他决心要做的事情，后果要由他自己承担，而不是由你承担。不过，你要允许他发泄自己的负面情绪。例如，工作累了，与同事闹矛盾、不开心了，他回来抱怨一下，你就让他抱怨。

总之，在家庭中，夫妻之间关系如何，能否其乐融融，有时关键不在于丈夫，也不在于妻子，而在于夫妻双方是否都能给对方足够的自主权。因此，夫妻相处一定要有边界感，行事一定要有分寸，这是夫妻都必须具有的一个清醒的认知。